PAPA FRANCISCO

O Legado e Seu Exemplo de Vida

Organizador: WALTER BUKUNOVICKY

PAPA FRANCISCO

O Legado e Seu Exemplo de Vida

Principis

Esta é uma publicação Principis, selo exclusivo da Ciranda Cultural

Este texto foi criado com pesquisa de IA.

Organizado por
Walter Bukunovicky

Editora
Michele de Souza Barbosa

Revisão
Mônica Glasser

Produção editorial
Ciranda Cultural

Diagramação
Linea Editora

Design de capa
Ana Dobón

Imagens
Richard Juilliart / Shutterstock.com

Dados Internacionais de Catalogação na Publicação (CIP) de acordo com ISBD

P213 Papa Francisco: O legado e seu exemplo de vida / organizado por Walter Bukunovicky. – Jandira, SP : Principis, 2025.
96 p. ; 15,5cm x 22,6cm.

ISBN: 978-65-5097-261-5

1. Cristianismo. 2. Fé. 3. Religião. 4. Catolicismo. 5. Papa Francisco. 6. Legado. I. Bukunovicky, Walter. II. Título.

2025-1751 CDD 240
CDU 24

Elaborado por Vagner Rodolfo da Silva - CRB-8/9410

Índice para catálogo sistemático:
1. Cristianismo 240
2. Cristianismo 24

1ª edição em 2025
www.cirandacultural.com.br

"Quem sou eu para julgar?"

– Papa Francisco

Sumário

Prefácio

Nas páginas que se seguem, convido você a embarcar em uma jornada pela vida e obra de uma das figuras mais inspiradoras e transformadoras do século XXI: Jorge Mario Bergoglio, o Papa Francisco.

Quando a fumaça branca surgiu na chaminé da Capela Sistina em 13 de março de 2013, poucos poderiam prever o quanto a escolha daquele cardeal argentino, o primeiro papa latino-americano, o primeiro jesuíta e o primeiro a escolher o nome Francisco, transformaria não apenas a Igreja Católica, mas também o diálogo global sobre temas cruciais como pobreza, meio ambiente, migração e fraternidade universal.

O que torna o Papa Francisco tão especial? Por que sua figura transcende as fronteiras religiosas e culturais, tocando corações de pessoas de diferentes credos e mesmo daquelas sem filiação religiosa? Este livro busca responder a estas perguntas por meio de uma análise cuidadosa da vida do santo Papa, de seus gestos, palavras e ações.

Como organizador, busquei apresentar um retrato equilibrado e abrangente, baseado em pesquisa cuidadosa e reflexão profunda. Não se trata de uma hagiografia acrítica, mas de uma análise respeitosa que reconhece tanto as realizações quanto os desafios e as controvérsias de seu pontificado. Tampouco é um trabalho meramente acadêmico ou jornalístico, mas uma obra que busca capturar a essência espiritual e humana de um líder que inspirou milhões de pessoas a sonhar com um mundo mais justo, fraterno e sustentável.

O exemplo do Papa Francisco nos convida a refletir sobre nossa própria jornada e sobre como podemos contribuir, cada um à sua maneira, para construir um mundo em que a dignidade de cada pessoa seja respeitada, em que os pobres e marginalizados ocupem um lugar central em nossas preocupações e em que o cuidado com a casa comum seja uma prioridade compartilhada.

Que o legado do Papa Francisco, explorado nestas páginas, inspire em cada leitor um compromisso renovado com os valores que ele defendia tão apaixonadamente: a misericórdia, a fraternidade, a justiça social, o cuidado com a criação e a esperança de que outro mundo é possível.

Introdução

No dia 21 de abril de 2025, o mundo testemunhou o fim de uma era extraordinária na história da Igreja Católica. Com a morte do Papa Francisco aos 88 anos, encerrou-se um pontificado de doze anos que transformou profundamente não apenas a Igreja, mas também o diálogo global sobre questões fundamentais para a humanidade.

Jorge Mario Bergoglio, o primeiro papa latino-americano, o primeiro jesuíta e o primeiro a escolher o nome Francisco, deixou um legado que transcende as fronteiras religiosas e geográficas, tocando pessoas de todas as crenças e origens.

Captar a essência desse legado, explorando a vida, as ações e os ensinamentos de um homem que se tornou uma das vozes morais mais influentes do século XXI, é meu objetivo maior. Assim, será possível acompanhar a jornada extraordinária de um menino argentino que ascendeu ao papel de líder espiritual de mais de 1,3 bilhão de católicos em todo o mundo – e que, além disso, se firmou como referência ética para pessoas de diversas crenças e culturas.

O pontificado de Francisco foi marcado por uma visão revolucionária da Igreja como "hospital de campanha" – uma instituição que deve sair às ruas para curar os feridos e marginalizados, em vez de se fechar em dogmas e tradições. Desde o início, ele demonstrou seu compromisso com os pobres e excluídos por meio de gestos concretos e simbólicos: lavou os pés de jovens encarcerados, visitou refugiados na ilha de Lampedusa, instalou chuveiros para moradores de rua no Vaticano e transformou um palácio em abrigo para pessoas sem-teto.

Sua escolha do nome "Francisco", inspirada em São Francisco de Assis, sinalizou as prioridades de seu papado: uma Igreja pobre para os pobres, comprometida com a paz, o diálogo inter-religioso e o cuidado com a criação. Esta última preocupação materializou-se na encíclica *Laudato Si'*, um documento revolucionário que posicionou a Igreja Católica na vanguarda da luta contra as mudanças climáticas e pela proteção do meio ambiente.

Francisco também se destacou por sua abordagem pastoral da doutrina católica, enfatizando a misericórdia sobre o julgamento e buscando incluir, em vez de excluir. Sua famosa frase: "Quem sou eu para julgar?", em resposta a uma pergunta sobre pessoas homossexuais, refletiu uma atitude de acolhimento que, sem alterar os ensinamentos fundamentais da Igreja, abriu espaço para uma nova forma de diálogo e compreensão.

Ao mesmo tempo, o Papa Francisco foi um crítico ferrenho do que chamou de "economia que mata" – um sistema econômico global que, em sua visão, prioriza o lucro sobre as pessoas e gera desigualdades inaceitáveis. Sua defesa dos migrantes e refugiados, em um momento de crescente xenofobia em muitas partes do mundo, foi consistente e desafiadora, lembrando constantemente que por trás das estatísticas existem seres humanos com dignidade e direitos.

Em um mundo cada vez mais polarizado, o Papa Francisco foi uma voz incansável pela paz, pelo diálogo e pela fraternidade universal, temas que culminaram em sua encíclica *Fratelli Tutti*. Ele buscou pontes onde outros construíam muros, promovendo encontros históricos com líderes de outras religiões e trabalhando pela reconciliação em áreas de conflito.

O estilo pessoal do Papa Francisco também foi revolucionário. Sua simplicidade, humildade e acessibilidade contrastaram com a pompa tradicionalmente associada ao papado.

Naturalmente, como qualquer líder que busca mudanças significativas, o Papa Francisco enfrentou resistência e críticas, tanto de setores conservadores que o consideravam extremamente progressista quanto de progressistas que esperavam reformas mais radicais.

Seu pontificado foi marcado por tensões e debates, especialmente em torno de questões como o papel das mulheres na Igreja, a abordagem aos divorciados recasados e à comunidade LGBTQ+, e a reforma da Cúria Romana.

Ao longo deste livro, examinaremos essas tensões e debates, bem como os sucessos e desafios do pontificado de Francisco. Exploraremos sua biografia, desde a infância em Buenos Aires até sua eleição como papa. Analisaremos casos pitorescos e exemplos marcantes que ilustram seu estilo único de liderança. Aprofundaremos seu trabalho com os pobres e marginalizados, sua relação com São Francisco de Assis, suas semelhanças com Jesus Cristo e seu legado para a Igreja e a humanidade.

O objetivo não é apresentar uma hagiografia acrítica, mas um retrato honesto e nuançado de um homem complexo que, com suas virtudes e limitações humanas, buscou seguir o exemplo de Jesus Cristo como "servo dos servos de Deus". Um homem que, nas palavras do teólogo Leonardo Boff, representou "o papa da ruptura" - não com os ensinamentos fundamentais da fé, mas com um estilo de Igreja autocentrada e distante das realidades e dos sofrimentos do mundo.

Ao concluir esta introdução, é importante ressaltar que o legado de Francisco não está apenas no que ele fez ou disse, mas no exemplo que deixou para todos nós. Um exemplo de humildade, serviço, compaixão e coragem para defender os mais vulneráveis. Um exemplo que nos convida a refletir sobre nossa própria jornada e sobre como podemos contribuir para construir um mundo mais justo, fraterno e sustentável.

Nas páginas que se seguem, convidamos você a conhecer melhor este homem extraordinário e a deixar-se inspirar por seu exemplo. Que a história de Jorge Mario Bergoglio, o Papa Francisco, possa iluminar nosso caminho e nos encorajar a sermos, cada um à sua maneira, instrumentos de paz, justiça e amor em nosso mundo tão necessitado desses valores.

Capítulo 1

A Jornada de Jorge Mario Bergoglio

RAÍZES E PRIMEIROS ANOS

Na movimentada Buenos Aires de 17 de dezembro de 1936, nascia Jorge Mario Bergoglio, primogênito de cinco filhos do casal Mario Giuseppe Bergoglio Vasallo e Regina Maria Sivori Gogna. Sua família, como tantas outras na Argentina daquela época, representava o encontro entre dois mundos: seu pai, um imigrante italiano da região do Piemonte, que havia chegado ao país em busca de novas oportunidades, e sua mãe, nascida na Argentina, mas de ascendência italiana.

A infância de Jorge Mario transcorreu no bairro de Flores, uma área de classe média de Buenos Aires, onde a família vivia modestamente. Seu pai trabalhava como ferroviário, enquanto sua mãe dedicava-se aos cuidados do lar e da família. Desde cedo, o jovem Jorge Mario absorveu valores que marcariam profundamente sua vida: a importância do trabalho árduo, a simplicidade, a fé católica vivida no cotidiano e o valor da família como núcleo de apoio e formação.

A Argentina daquele período vivia transformações significativas. O país experimentava um processo de industrialização e urbanização acelerado, com ondas de imigrantes europeus que traziam consigo não apenas sua força de trabalho, mas também suas tradições culturais e religiosas. Esse ambiente multicultural influenciou a formação do jovem Bergoglio, proporcionando-lhe uma visão mais ampla do mundo e grande sensibilidade para as diferentes realidades sociais.

A educação formal de Jorge Mario começou em escolas públicas, onde se destacou como um estudante aplicado e curioso. Posteriormente, frequentou a escola técnica industrial Escuela Nacional de Educación Técnica nº 27 "Hipólito Yrigoyen", onde se formou como técnico químico. Esta formação técnica, aparentemente distante de sua futura vocação religiosa, forneceu-lhe base científica e método de análise que mais tarde se refletiriam em sua abordagem pragmática e concreta dos problemas.

Durante a juventude, Jorge Mario não se limitou aos estudos. Trabalhou em diversos empregos para ajudar no sustento da família: foi ajudante de limpeza em uma floricultura, trabalhou em um laboratório químico e até mesmo atuou como segurança de boate. Anos mais tarde, já como Papa, ele comentaria que esta última experiência o ajudou a compreender como atrair pessoas descontentes para a Igreja, demonstrando como suas experiências de vida aparentemente mundanas contribuíram para sua visão pastoral.

O CHAMADO À VIDA RELIGIOSA

O caminho de Jorge Mario Bergoglio para a vida religiosa não foi linear nem previsível. Diferentemente de muitos que desde a infância manifestam o desejo de se tornar sacerdotes, sua vocação surgiu de forma mais tardia e inesperada. Aos 21 anos, em 1958, enquanto se preparava para celebrar o "Dia da Primavera" com amigos, sentiu um impulso inexplicável de entrar na igreja de San José de Flores, seu bairro natal. Ali, encontrou um sacerdote que nunca havia visto antes e decidiu se confessar.

Esse encontro casual transformou-se em um momento decisivo em sua vida. Durante a confissão, Jorge Mario experimentou o que descreveria mais tarde como uma profunda experiência da misericórdia de Deus. Sentiu-se tocado de maneira tão intensa que, ao sair da igreja, tinha certeza de sua vocação para o sacerdócio. Este episódio ilustra um aspecto que seria central em seu futuro ministério: a convicção de que o encontro pessoal com a misericórdia divina tem o poder de transformar vidas.

Respondendo a esse chamado, Bergoglio ingressou no seminário diocesano de Villa Devoto. No entanto, sua jornada vocacional tomaria outro rumo quando, atraído pela espiritualidade e missão da Companhia de Jesus, decidiu tornar-se jesuíta. Em 11 de março de 1958, entrou para o noviciado da ordem fundada por Santo Inácio de Loyola.

A formação jesuíta, conhecida por seu rigor intelectual e espiritual, moldou profundamente o caráter e a visão de mundo de Bergoglio. Os Exercícios Espirituais de Santo Inácio, com sua ênfase no discernimento e na busca da vontade de Deus em todas as coisas, tornaram-se uma ferramenta fundamental em sua vida espiritual e em suas decisões. A espiritualidade inaciana, que combina contemplação e ação, oração e serviço, iria se refletir, mais tarde, em seu estilo de liderança como bispo e papa.

Durante seus anos de formação, Bergoglio estudou humanidades em Santiago do Chile, retornando depois à Argentina para obter sua licenciatura em filosofia no Colégio Máximo de San José, em San Miguel, província de Buenos Aires. Entre 1964 e 1965, ensinou literatura e psicologia no Colégio da Imaculada Conceição, em Santa Fé, e em 1966 lecionou as mesmas disciplinas no Colégio do Salvador, em Buenos Aires.

Em 1967, retomou seus estudos teológicos no Colégio Máximo, preparando-se para a ordenação sacerdotal. Este período coincidiu com importantes transformações na Igreja Católica, após o Concílio Vaticano II (1962-1965), que buscava atualizar a Igreja para os desafios do mundo moderno. As discussões sobre como implementar as reformas conciliares, especialmente na América Latina, certamente influenciaram a formação teológica e pastoral do jovem jesuíta.

SACERDÓCIO E PRIMEIRAS RESPONSABILIDADES

Em 13 de dezembro de 1969, Jorge Mario Bergoglio foi ordenado sacerdote pelo arcebispo Ramón José Castellano. Aos 33 anos, iniciava oficialmente seu ministério sacerdotal, que seria marcado por uma profunda dedicação pastoral e por desafios significativos.

Logo após a ordenação, continuou a formação jesuíta, realizando o chamado "terceiro ano de provação" em Alcalá de Henares, Espanha. Este período, característico da formação na Companhia de Jesus, é dedicado ao aprofundamento espiritual e à integração das experiências vividas até então, preparando o jesuíta para sua missão definitiva na ordem.

Ao retornar à Argentina, Bergoglio assumiu rapidamente posições de liderança dentro da Companhia de Jesus. Em 31 de julho de 1973, com apenas 36 anos, foi nomeado Provincial dos Jesuítas da Argentina, cargo que ocupou até 1979. A nomeação precoce para uma posição tão importante demonstrava o reconhecimento de suas qualidades de liderança e discernimento.

Seu período como Provincial coincidiu com um dos momentos mais turbulentos da história argentina: os anos que precederam e incluíram a ditadura militar (1976-1983). O contexto político extremamente complexo e violento colocou Bergoglio diante de desafios enormes, exigindo decisões difíceis que, anos mais tarde, seriam objeto de controvérsia e debate.

Durante a ditadura, Bergoglio ajudou muitas pessoas a escaparem da perseguição do regime militar, escondendo-as em propriedades jesuítas ou ajudando-as a deixar o país. No entanto, também foi acusado por alguns de não ter feito o suficiente para proteger dois jesuítas que foram sequestrados e torturados. Estas acusações, que Bergoglio sempre negou, ressurgiram quando foi eleito papa, mas investigações posteriores e testemunhos de várias pessoas, incluindo vítimas da ditadura que foram ajudadas por ele, tenderam a confirmar sua versão dos fatos.

Após seu mandato como Provincial, Bergoglio continuou em posições de liderança acadêmica. Foi reitor do Colégio Máximo de San José de 1980 a 1986, período em que também atuou como pároco na cidade de San Miguel. Estas responsabilidades permitiram-lhe combinar o trabalho intelectual com a experiência pastoral direta, uma característica que marcaria seu ministério futuro.

Em 1986, viajou à Alemanha para concluir sua tese de doutorado, mas não chegou a finalizá-la. Retornou à Argentina e, após um breve período em Córdoba, foi chamado a Buenos Aires para servir como diretor espiritual e confessor na igreja jesuíta da cidade.

DE BISPO A CARDEAL: ASCENSÃO NA HIERARQUIA DA IGREJA

A trajetória de Jorge Mario Bergoglio na hierarquia eclesiástica deu um salto significativo em 20 de maio de 1992, quando o Papa João Paulo II o nomeou bispo titular de Auca e auxiliar de Buenos Aires. Sua ordenação episcopal ocorreu em 27 de junho do mesmo ano, tendo como lema episcopal "*Miserando atque eligendo*" (Olhou-o com misericórdia e o escolheu), uma frase que reflete sua profunda experiência pessoal do chamado de Deus e que mais tarde adotaria como lema papal.

Como bispo auxiliar, Bergoglio trabalhou sob a liderança do cardeal Antonio Quarracino, então arcebispo de Buenos Aires. Rapidamente, ganhou a confiança do cardeal, que o nomeou seu vigário-geral. Quando Quarracino faleceu, em 1998, Bergoglio foi escolhido como seu sucessor, tornando-se arcebispo de Buenos Aires em 28 de fevereiro daquele ano.

Seu estilo como arcebispo contrastava fortemente com a pompa muitas vezes associada a altos cargos eclesiásticos. Bergoglio optou por viver em um apartamento simples em vez de no palácio arquiepiscopal, cozinhava as próprias refeições e utilizava transporte público para se deslocar pela cidade. Esta simplicidade de vida não era apenas um gesto simbólico, mas refletia sua convicção profunda de que a Igreja deve estar próxima dos pobres e evitar o que ele chamaria mais tarde de "mundanidade espiritual".

Como líder da Igreja em Buenos Aires, Bergoglio demonstrou uma preocupação especial com os mais vulneráveis. Expandiu a presença da Igreja nas *"villas miserias"* (favelas) da cidade, enviando numerosos sacerdotes para trabalhar nessas comunidades marginalizadas. Defendeu vigorosamente os direitos dos trabalhadores e criticou as políticas econômicas que, em sua visão, aumentavam a pobreza e a desigualdade social.

Em 21 de fevereiro de 2001, o Papa João Paulo II elevou Bergoglio ao Colégio dos Cardeais, atribuindo-lhe o título de cardeal-presbítero de São Roberto Belarmino. A nomeação colocou-o entre os prelados que teriam a responsabilidade de eleger o próximo papa e, potencialmente, de serem considerados para essa posição.

Como cardeal, Bergoglio continuou seu trabalho pastoral em Buenos Aires, mas também assumiu responsabilidades mais amplas na Igreja universal. Foi nomeado membro de várias congregações da Cúria Romana e participou de importantes sínodos dos bispos. Nessas ocasiões, destacou-se por suas intervenções ponderadas e por sua defesa de uma Igreja mais próxima dos pobres e menos centralizada.

Durante o conclave de 2005, após a morte de João Paulo II, Bergoglio emergiu como um dos principais candidatos à sucessão papal. Segundo relatos posteriores, ele teria recebido um número significativo de votos, tornando-se o principal "concorrente" do cardeal Joseph Ratzinger, que acabou sendo eleito como Papa Bento XVI. A atitude de Bergoglio durante aquele conclave, pedindo aos cardeais que o apoiavam que transferissem seus votos para Ratzinger, a fim de evitar uma eleição prolongada, demonstrou sua humildade e seu senso de responsabilidade para com a unidade da Igreja.

Nos anos seguintes, como arcebispo de Buenos Aires e presidente da Conferência Episcopal Argentina (cargo que ocupou de 2005 a 2011), Bergoglio continuou a se destacar por seu compromisso com os pobres e por suas críticas às injustiças sociais. Sua liderança durante a crise econômica argentina de 2001-2002 foi particularmente notável, com fortes pronunciamentos contra a corrupção política e as políticas econômicas que prejudicavam os mais vulneráveis.

Ao mesmo tempo, manteve posições firmes em questões morais controversas, opondo-se à legalização do aborto e do casamento entre pessoas do mesmo sexo na Argentina. No entanto, mesmo nestas questões, seu tom era mais pastoral que condenatório, enfatizando a misericórdia e o respeito pela dignidade de todas as pessoas.

O CONCLAVE DE 2013: A ELEIÇÃO DO PRIMEIRO PAPA LATINO-AMERICANO

A renúncia do Papa Bento XVI em 11 de fevereiro de 2013, a primeira de um pontífice em quase seiscentos anos, surpreendeu o mundo e criou uma situação extraordinária na Igreja Católica. Um conclave foi convocado para março daquele ano, reunindo 115 cardeais eleitores na Capela Sistina para escolher o 266º sucessor de São Pedro.

Ao chegar a Roma para o conclave, o cardeal Bergoglio, então com 76 anos, não figurava entre os favoritos nas especulações da imprensa. Sua idade avançada e o fato de já ter sido considerado no conclave anterior pareciam diminuir suas chances. No entanto, nos encontros preparatórios (as chamadas "congregações gerais"), suas intervenções breves e incisivas causaram forte impressão entre os cardeais.

O conclave teve início na tarde de 12 de março de 2013. Após cinco votações, na noite do dia seguinte, a fumaça branca que saía da chaminé da Capela Sistina anunciava ao mundo que um novo papa havia sido eleito. Momentos depois, o cardeal protodiácono Jean-Louis Tauran apareceu na varanda central da Basílica de São Pedro e pronunciou a tradicional fórmula *"Habemus Papam"* (Temos um Papa), anunciando a eleição do cardeal Jorge Mario Bergoglio, que havia escolhido o nome Francisco.

A escolha de Bergoglio representou várias "primeiras vezes" na história da Igreja: o primeiro papa do continente americano, o primeiro do hemisfério sul, o primeiro jesuíta e o primeiro a escolher o nome Francisco. Estas novidades sinalizavam uma mudança significativa na Igreja Católica, tradicionalmente centrada na Europa.

Quando o novo papa surgiu na varanda para sua primeira bênção *Urbi et Orbi* (à cidade e ao mundo), surpreendeu a todos com sua simplicidade e humildade. Antes de abençoar a multidão, pediu que o povo rezasse por ele, inclinando a cabeça em silêncio. Este gesto, aparentemente simples, estabeleceu imediatamente um novo tom para o papado.

A escolha do nome Francisco, em homenagem a São Francisco de Assis, foi outra indicação clara da direção que o novo pontificado tomaria. Como o próprio papa explicaria dias depois, a inspiração veio durante o conclave, quando o cardeal brasileiro Dom Cláudio Hummes, sentado ao lado do Papa Francisco, abraçou-o após sua eleição e disse: "Não se esqueça dos pobres". Naquele momento, Bergoglio pensou em São Francisco de Assis, "o homem da pobreza, o homem da paz, o homem que ama e protege a criação", e decidiu adotar seu nome.

A eleição de Francisco foi recebida com entusiasmo em todo o mundo, especialmente na América Latina. Sua origem argentina e seu conhecido compromisso com os pobres geraram grandes expectativas de que seu pontificado traria uma nova perspectiva para a Igreja, mais atenta às realidades do Sul Global e mais comprometida com a justiça social.

Nos dias seguintes à sua eleição, Francisco continuou a surpreender com gestos simbólicos que indicavam um estilo papal diferente: pagou pessoalmente sua conta no hotel onde estava hospedado antes do conclave, optou por não usar os tradicionais sapatos vermelhos papais, preferindo seus simples sapatos pretos, e decidiu residir na Casa Santa Marta, uma hospedaria dentro do Vaticano, em vez do luxuoso Palácio Apostólico.

Estes gestos, longe de serem meras curiosidades, refletiam uma visão eclesiológica profunda: a de uma Igreja que deve ser "pobre e para os pobres", como ele mesmo declarou. Uma Igreja que, seguindo o exemplo de seu fundador, Jesus Cristo, deve se despojar de privilégios e *status* para servir, especialmente, aos mais necessitados.

A eleição de Francisco marcou, assim, o início de uma nova era na Igreja Católica, caracterizada por um retorno às origens evangélicas, por uma maior atenção às periferias geográficas e existenciais, e por um estilo de liderança baseado na humildade e no serviço. O menino de Buenos Aires, filho de imigrantes italianos, que trabalhou como técnico químico antes de se tornar sacerdote, agora estava à frente de uma instituição bimilenar com mais de um bilhão de fiéis em todo o mundo. Sua jornada extraordinária estava apenas começando.

> "O verdadeiro poder é o serviço."
>
> *Missa de início de pontificado, 19 de março de 2013.*

Capítulo 2

A Escolha do Nome Francisco

O MOMENTO DA DECISÃO

Na tarde de 13 de março de 2013, quando o cardeal Jorge Mario Bergoglio foi eleito papa no quinto escrutínio do conclave, uma das primeiras decisões que precisou tomar foi a escolha de seu nome papal. Esta decisão, aparentemente simples, carregava um profundo significado simbólico e programático para seu futuro pontificado.

Tradicionalmente, os papas escolhem nomes que homenageiam predecessores ou santos de sua devoção particular. Muitos optam por nomes como João, Paulo, Bento ou Pio, seguindo uma longa tradição. No entanto, o recém-eleito pontífice surpreendeu o mundo ao escolher um nome nunca antes utilizado na história do papado: Francisco.

Dias após sua eleição, em um encontro com jornalistas, o próprio Papa Francisco revelou como se deu esta escolha. Ele contou que, no momento em que a eleição se encaminhava para o final e ficava claro que seria escolhido, o cardeal brasileiro Dom Cláudio Hummes, sentado ao seu lado, abraçou-o e disse: "Não se esqueça dos pobres".

"Aquelas palavras entraram aqui", disse Francisco, apontando para o coração. "Os pobres, os pobres. Imediatamente, pensando nos pobres, pensei em Francisco de Assis. Depois, pensei nas guerras, enquanto prosseguia o escrutínio até contar todos os votos. E Francisco é o homem da paz. E assim veio o nome ao meu coração: Francisco de Assis."

O Papa acrescentou ainda: "Para mim, ele é o homem da pobreza, o homem da paz, o homem que ama e protege a criação; hoje em dia, não temos uma relação muito boa com a criação, não é mesmo? É o homem que nos dá este espírito de paz, o homem pobre... Ah, como eu queria uma Igreja pobre e para os pobres!".

Esta explicação revelou não apenas a inspiração imediata para a escolha do nome, mas também as prioridades que marcariam seu pontificado: o compromisso com os pobres, a busca da paz, o cuidado com a criação e o desejo de uma Igreja mais simples e próxima dos marginalizados.

A escolha do nome Francisco representou uma ruptura significativa com a tradição e sinalizou a intenção de um pontificado inovador. Foi a primeira vez na história que um papa escolheu este nome, e também a primeira vez que um papa homenageava um santo que não havia sido papa ou apóstolo. Esta decisão, por si só, já indicava a direção que o novo pontificado tomaria.

SÃO FRANCISCO DE ASSIS: VIDA E LEGADO

Para compreender plenamente o significado da escolha do nome Francisco, é essencial conhecer a vida e o legado do santo que lhe serviu de inspiração. Francisco de Assis (1181/1182-1226) é um dos santos mais populares e amados da história da Igreja Católica, cuja influência transcende fronteiras religiosas e culturais.

Nascido Giovanni di Pietro di Bernardone em Assis, Itália, era filho de um rico comerciante de tecidos. Em sua juventude, desfrutou de uma vida privilegiada, participando ativamente da vida social da cidade e sonhando com a glória militar. No entanto, após experiências transformadoras, incluindo o cativeiro como prisioneiro de guerra e uma grave doença, Francisco passou por uma profunda conversão espiritual.

O momento decisivo ocorreu quando, rezando diante do crucifixo na igreja de São Damião, Francisco ouviu uma voz que lhe dizia: "Vai, Francisco, e repara a minha casa que, como vês, está em ruínas". Inicialmente, ele interpretou esta mensagem literalmente, dedicando-se a restaurar igrejas em ruínas. Mais tarde, compreendeu que o chamado era para renovar a Igreja como um todo, por meio de um retorno à simplicidade evangélica.

Em 1209, Francisco renunciou publicamente à sua herança, devolvendo até mesmo as roupas que vestia a seu pai, e abraçou uma vida de pobreza radical. Vestindo um simples hábito e vivendo da mendicância, começou a pregar o Evangelho com palavras simples e, sobretudo, com o exemplo de sua vida.

Logo atraiu seguidores, dando origem à Ordem dos Frades Menores (franciscanos). Em 1212, Clara de Assis, inspirada por seu exemplo, fundou a ordem feminina das Clarissas. Posteriormente, Francisco também estabeleceu a Ordem Terceira para leigos que desejavam viver o espírito franciscano sem abandonar suas ocupações seculares.

A espiritualidade de Francisco caracterizava-se por uma profunda devoção à humanidade de Cristo, especialmente aos mistérios da Encarnação e da Paixão. Seu amor a Jesus levou-o a receber os estigmas (as marcas das chagas de Cristo) em 1224, tornando-se o primeiro santo estigmatizado da história da Igreja.

Outro aspecto distintivo de sua espiritualidade era o amor pela criação. Francisco via todas as criaturas como irmãos e irmãs, parte da mesma família divina. Seu "Cântico das Criaturas" (ou "Cântico do Irmão Sol") é considerado uma das mais belas expressões poéticas deste amor pela natureza e uma das primeiras obras literárias escritas em italiano vernáculo.

Francisco também se destacou como um construtor de pontes e promotor da paz. Em 1219, durante a Quinta Cruzada, atravessou as linhas de batalha para encontrar-se com o sultão do Egito, Al-Malik al-Kamil, em um gesto extraordinário de diálogo inter-religioso para a época.

Após uma vida de intensa atividade apostólica e profunda experiência mística, Francisco morreu em 3 de outubro de 1226, aos 44 anos, cantando o Salmo 141. Foi canonizado apenas dois anos após sua morte, em 1228, pelo Papa Gregório IX.

O legado de São Francisco de Assis é imenso e multifacetado. Ele inspirou uma das maiores famílias religiosas da Igreja Católica, com milhões de membros em todo o mundo. Sua espiritualidade influenciou profundamente a arte, a literatura e a teologia. Seu amor pela criação o tornou o padroeiro da ecologia, e seu compromisso com a paz o transformou em um símbolo universal de fraternidade e diálogo.

A INFLUÊNCIA DO CARDEAL BRASILEIRO DOM CLÁUDIO HUMMES

Dom Cláudio Hummes, franciscano e arcebispo emérito de São Paulo, era um amigo próximo de Bergoglio, e estava sentado ao seu lado durante o conclave. Sua presença e suas palavras no momento crucial da eleição representam a influência da Igreja latino-americana, com sua opção preferencial pelos pobres, no novo pontificado.

Hummes, nascido no Rio Grande do Sul em 1934, foi ordenado sacerdote franciscano em 1958. Serviu como bispo de Santo André (1975-1996) e arcebispo de Fortaleza (1996-1998) antes de ser nomeado arcebispo de São Paulo (1998-2006). Foi criado cardeal pelo Papa João Paulo II em 2001 e posteriormente serviu como prefeito da Congregação para o Clero (2006-2010) no Vaticano.

Como franciscano, Hummes incorporava o espírito de São Francisco na própria vida e ministério. Conhecido por sua simplicidade, compromisso com a justiça social e defesa dos pobres, ele representava uma corrente da Igreja latino-americana profundamente influenciada pela teologia da libertação e pelo compromisso com as comunidades marginalizadas.

A influência de Hummes na escolha do nome papal por Bergoglio não foi apenas circunstancial, mas também refletia uma afinidade espiritual e pastoral entre os dois prelados. Ambos compartilhavam uma visão de Igreja próxima dos pobres, comprometida com a justiça social e aberta ao diálogo com o mundo contemporâneo.

Em 2019, o Papa Francisco nomeou o cardeal Hummes como relator geral do Sínodo para a Amazônia, reconhecendo sua experiência e compromisso com as questões socioambientais da região. Hummes também foi nomeado presidente da recém-criada Conferência Eclesial da Amazônia em 2020, demonstrando a contínua confiança e afinidade entre os dois líderes eclesiásticos.

A influência de Hummes na escolha do nome Francisco simboliza, assim, não apenas uma amizade pessoal, mas também uma conexão mais ampla entre o pontificado de Francisco e a Igreja latino-americana, com sua rica tradição de compromisso social e opção pelos pobres.

PARALELOS ENTRE SÃO FRANCISCO E O PAPA FRANCISCO

Desde o início de seu pontificado, ficaram evidentes os paralelos entre São Francisco de Assis e o estilo de liderança e as prioridades do Papa Francisco. Estas semelhanças não são coincidências, mas refletem uma escolha consciente do pontífice de seguir o exemplo do santo de Assis em aspectos fundamentais de seu ministério.

SIMPLICIDADE E HUMILDADE

A simplicidade e a humildade são características marcantes tanto de São Francisco quanto do Papa Francisco. O santo de Assis renunciou a uma vida de riqueza e privilégios para abraçar a pobreza radical, vivendo como um mendigo e servindo aos mais necessitados. De forma semelhante, o Papa Francisco demonstrou, desde o início de seu pontificado, um estilo de vida simples e despojado.

Ele optou por não residir no luxuoso Palácio Apostólico, preferindo viver na Casa Santa Marta, uma hospedaria dentro do Vaticano. Usava sapatos comuns em vez dos tradicionais mocassins vermelhos papais, carregava a própria bagagem em viagens e frequentemente utilizava carros modestos em vez das limusines papais.

Estes gestos de simplicidade não são meras excentricidades, mas expressões concretas de uma visão de Igreja e de liderança inspirada no exemplo de São Francisco e, fundamentalmente, no próprio Jesus Cristo. Como o Papa explicou em diversas ocasiões, a verdadeira autoridade na Igreja deve ser exercida como serviço, não como privilégio ou dominação.

AMOR PELOS POBRES E MARGINALIZADOS

O amor pelos pobres e marginalizados é outro ponto de convergência fundamental entre São Francisco e o Papa Francisco. O santo de Assis dedicou sua vida a servir os leprosos, os doentes e os excluídos da sociedade medieval. Sua conversão começou, simbolicamente, quando beijou um leproso, superando sua repulsa natural e reconhecendo nele o rosto de Cristo.

De forma semelhante, o Papa Francisco colocou os pobres e marginalizados no centro de seu pontificado. Desde sua primeira viagem apostólica a Lampedusa, onde denunciou a "globalização da indiferença" diante do sofrimento dos migrantes, até suas iniciativas concretas como a instalação de chuveiros para moradores de rua no Vaticano, o pontífice demonstrou um compromisso constante com os excluídos.

Em seus documentos e discursos, Francisco frequentemente criticava o que chamava de "cultura do descarte", que trata pessoas como objetos descartáveis quando não são mais úteis ao sistema econômico. Sua defesa dos migrantes, refugiados, povos indígenas, vítimas do tráfico humano e outras populações vulneráveis ecoa o espírito franciscano de fraternidade universal.

CUIDADO COM A CRIAÇÃO

O cuidado com a criação é outro aspecto em que o Papa Francisco seguia claramente o exemplo de seu santo homônimo. São Francisco de Assis é conhecido por seu profundo amor pela natureza, expresso poeticamente em seu "Cântico das Criaturas", onde se refere ao sol, à lua, às estrelas, ao vento, à água e à terra como irmãos e irmãs.

O Papa Francisco elevou a preocupação ecológica a um novo patamar em seu magistério, especialmente com a publicação da encíclica *Laudato Si'* em 2015. O próprio título da encíclica, que significa "Louvado Sejas", é retirado do "Cântico das Criaturas", de São Francisco.

Laudato Si' (Louvado Sejas), encíclica escrita e publicada pelo Papa Francisco em 24 de maio de 2015, é um documento histórico que une fé, ciência e ética em defesa do meio ambiente e da dignidade humana.

As dez ideias principais da *Laudato Si'* são:

1. Tudo está interligado

O Papa Francisco defende que o meio ambiente, a economia, a cultura e a vida social formam um único sistema interdependente. Prejudicar a criação é prejudicar o ser humano – especialmente os mais pobres.

2. A crise ecológica é também uma crise moral e espiritual

A destruição ambiental não é apenas um problema técnico, mas também uma consequência do consumismo, do egoísmo e da indiferença. O Papa propõe uma "conversão ecológica" que inclua mudanças de mentalidade e estilo de vida.

3. Os pobres são as principais vítimas da degradação ambiental

As populações mais vulneráveis sofrem primeiro e mais intensamente os efeitos da poluição, da escassez de água, do desmatamento e das mudanças climáticas. A justiça social é inseparável do cuidado com a Terra.

4. A Terra é nossa casa comum, não um depósito de recursos

Francisco convida a uma relação de cuidado, gratidão e responsabilidade com a criação – não de dominação predatória. A natureza tem valor por si mesma, não apenas por sua utilidade.

5. O modelo econômico atual é insustentável

O Papa critica o modelo econômico que prioriza o lucro a qualquer custo e que exclui pessoas e destrói o planeta. Ele pede uma economia mais humana, solidária e comprometida com o bem comum.

6. Tecnologia sem ética gera desequilíbrio

Embora valorize o progresso científico, o Papa alerta para os riscos do tecnocentrismo – o uso da ciência e da tecnologia sem limites morais, levando à exploração e à exclusão.

7. A perda da biodiversidade é uma tragédia silenciosa

A extinção de espécies, a destruição de florestas e a poluição de rios são sinais de um desequilíbrio profundo. Cuidar da biodiversidade é preservar a harmonia do planeta e da vida.

8. A água é um direito universal, não uma mercadoria

A encíclica destaca a crise hídrica como uma das maiores do século XXI. A água potável deve ser protegida como um bem comum e garantida para todos, especialmente aos pobres.

9. Educar para a ecologia é urgente

É necessário um novo modelo educativo que forme cidadãos conscientes, responsáveis e comprometidos com a sustentabilidade, tanto nas escolas quanto nas famílias, igrejas e comunidades.

10. Cuidar da criação é um ato de fé

Para Francisco, o cuidado com o planeta é um ato profundamente cristão, que nasce da gratidão a Deus pela vida e pela criação. Ele convida todos – crentes e não crentes – a uma ação comum.

Como vimos no boxe que elenca as dez principais ideias de *Laudato Si'*, nesse documento histórico o pontífice desenvolve o conceito de "ecologia integral", que reconhece as interconexões entre os problemas ambientais e sociais. Ele critica o "paradigma tecnocrático dominante" e a "cultura do descarte" que caracterizam a sociedade contemporânea, e propõe uma visão alternativa baseada no cuidado com a casa comum e na solidariedade com as gerações futuras.

A preocupação ecológica do Papa Francisco não era apenas teórica, mas se traduzia em iniciativas concretas. Sob sua liderança, o Vaticano passou a implementar medidas para reduzir sua emissão de carbono, como a instalação de painéis solares e a adoção de práticas sustentáveis. O pontífice também usava sua influência global para defender acordos internacionais sobre mudanças climáticas e proteção da biodiversidade.

CONSTRUÇÃO DE PONTES E PROMOÇÃO DA PAZ

São Francisco de Assis é lembrado como um construtor de pontes e promotor da paz. Seu encontro com o sultão do Egito durante a Quinta Cruzada é um exemplo notável de diálogo inter-religioso em uma época marcada por conflitos entre cristãos e muçulmanos.

De forma semelhante, o Papa Francisco se destacou como um defensor incansável da paz e do diálogo. Ele promoveu encontros históricos com líderes de outras religiões, como sua reunião com o Grande Imã de Al-Azhar, Ahmed el-Tayeb, que resultou na assinatura do Documento sobre a Fraternidade Humana em 2019.

O pontífice também foi uma voz ativa pela paz em zonas de conflito como Síria, Sudão do Sul, República Centro-Africana e, mais recentemente, Ucrânia. Suas viagens apostólicas frequentemente incluíram gestos simbólicos de reconciliação e apelos ao diálogo como única via para a resolução de conflitos.

Em sua encíclica *Fratelli Tutti* (2020), Francisco desenvolve uma visão de fraternidade universal que transcende fronteiras nacionais, culturais e religiosas. Inspirado no exemplo de São Francisco, que chamava a todos de irmãos e irmãs, o Papa propõe um mundo onde a solidariedade e o cuidado mútuo prevaleçam sobre a competição e o conflito.

Fratelli Tutti (Todos Irmãos), encíclica escrita e publicada pelo Papa Francisco em 3 de outubro de 2020, com foco na fraternidade e amizade social, foi inspirada em São Francisco de Assis e convida todos – crentes e não crentes – a construir um mundo mais unido, solidário e pacífico.

As dez ideias principais da *Fratelli Tutti* são:

1. Todos somos irmãos e irmãs
" *A humanidade forma uma única família.*"
Francisco reafirma que não existem "os outros", mas sim "nós". A dignidade de cada pessoa é absoluta, independentemente de religião, nacionalidade, cor ou condição social.

2. A fraternidade deve ultrapassar fronteiras
"*O amor rompe as cadeias que nos isolam e separam.*"
O Papa critica os muros físicos e culturais que excluem migrantes, pobres e diferentes. Ele propõe a cultura do encontro, baseada no diálogo e na escuta.

3. O mundo sofre de indiferença
A globalização aumentou a conexão, mas não a solidariedade.
Francisco denuncia o egoísmo coletivo, a exclusão social e a falta de compaixão, especialmente nas grandes crises como a pandemia de Covid-19.

4. O modelo econômico atual é injusto e descartável
O Papa condena a economia que "mata" e descarta os frágeis, na qual tudo se mede pelo lucro. Ele propõe uma economia com rosto humano, que promova o bem comum e não o consumismo.

5. Migrantes devem ser acolhidos, protegidos, promovidos e integrados

A migração é um drama humano, não apenas um problema político. Francisco pede empatia, políticas de acolhimento e justiça para quem é forçado a deixar sua terra.

6. A política deve ser uma forma de caridade

A política é "uma das formas mais elevadas de amor", quando busca o bem comum. Francisco propõe uma política do povo e para o povo, que sirva e cuide, e não manipule ou explore.

7. Não há paz sem verdade, justiça e perdão

A paz duradoura se constrói com base no diálogo, no respeito e na reconciliação, não com armas. Ele rejeita a guerra como solução legítima e condena a pena de morte.

8. O bom samaritano como modelo de vida

O coração da encíclica é a parábola do bom samaritano (Lucas 10,25-37). Francisco nos convida a sermos próximos de quem sofre, independentemente de quem seja. A pergunta que devemos fazer é: *"De quem me torno próximo?"*.

9. As religiões devem promover a paz e o diálogo

A fé deve unir, nunca dividir.
Francisco afirma que nenhuma religião pode justificar o ódio, e convida líderes religiosos a trabalharem juntos pela fraternidade global.

10. Fraternidade é projeto, não utopia

A encíclica termina com um chamado à esperança ativa.
Construir um mundo fraterno é possível – com escolhas concretas, conversão social e compromisso cotidiano.

SIGNIFICADO SIMBÓLICO DA ESCOLHA DO NOME PARA SEU PONTIFICADO

A escolha do nome Francisco pelo cardeal Bergoglio não foi apenas uma homenagem pessoal a um santo de sua devoção, mas um programa de ação para seu pontificado. Como ele mesmo explicou, o nome evocava valores fundamentais que desejava enfatizar em seu ministério papal: pobreza, paz, cuidado com a criação e uma Igreja próxima dos marginalizados.

Esta escolha representou uma ruptura simbólica com o passado e um sinal de renovação para a Igreja. Ao optar por um nome nunca antes utilizado por um papa, Francisco sinalizava sua intenção de trazer uma perspectiva nova e fresca para o papado, inspirada no exemplo radical do santo de Assis.

O nome Francisco também carregava conotações geográficas e culturais significativas. Como primeiro papa latino-americano e primeiro jesuíta a ocupar a Cátedra de Pedro, Bergoglio poderia ter escolhido um nome que refletisse estas identidades, como Inácio (fundador dos jesuítas) ou algum santo latino-americano. Ao optar por Francisco, ele transcendeu identidades particulares para abraçar um símbolo universal de renovação eclesial e fraternidade.

A escolha do nome também pode ser vista como um chamado à reforma da Igreja, ecoando a missão de São Francisco. Quando o santo de Assis ouviu o chamado para "reparar a casa de Deus que está em ruínas", inicialmente o interpretou literalmente, restaurando igrejas físicas. Mais tarde, compreendeu que se tratava de uma renovação espiritual e institucional mais ampla.

De forma semelhante, o Papa Francisco buscou uma reforma da Igreja em múltiplos níveis: espiritual, pastoral, estrutural e cultural. Sua ênfase na misericórdia, na proximidade com os pobres, na descentralização do poder e na corresponsabilidade de todos os batizados reflete uma visão de Igreja inspirada no espírito franciscano de simplicidade evangélica e fraternidade universal.

A escolha do nome Francisco também representou um compromisso com a ecologia em um momento crítico para o planeta. São Francisco de

Assis, padroeiro da ecologia, oferece um modelo de relação harmoniosa com a natureza baseada não na dominação, mas no respeito e no cuidado fraterno. Ao adotar este nome, o Papa sinalizava sua intenção de fazer da crise ecológica uma prioridade de seu pontificado, como de fato ocorreu com a publicação da *Laudato Si'* e outras iniciativas.

Por fim, o nome Francisco evoca um estilo de liderança baseado no serviço humilde e na proximidade com o povo, em contraste com modelos mais hierárquicos e distantes. São Francisco não fundou sua ordem a partir de uma posição de autoridade, mas por meio do exemplo pessoal e do serviço aos mais necessitados. De forma semelhante, o Papa Francisco buscou exercer seu ministério não como um monarca distante, mas como um pastor próximo do rebanho, especialmente dos mais vulneráveis.

CONCLUSÃO: UM NOME QUE DEFINE UMA MISSÃO

A escolha do nome Francisco pelo cardeal Bergoglio foi muito mais que uma decisão protocolar ou uma preferência pessoal. Foi uma declaração de princípios e um programa de ação que serviu de definição para o caráter e as prioridades de seu pontificado.

Ao adotar o nome do santo de Assis, o novo papa sinalizava seu desejo de uma Igreja mais simples e próxima dos pobres, comprometida com a paz e o diálogo, atenta ao clamor da terra e dos excluídos. Indicava também um estilo de liderança baseado no serviço humilde e no exemplo pessoal, em vez da pompa e do poder.

Os paralelos entre São Francisco de Assis e o Papa Francisco não são coincidências, mas refletem uma escolha consciente do pontífice de seguir o exemplo do santo em aspectos fundamentais de seu ministério. A simplicidade de vida, o amor pelos pobres e marginalizados, o cuidado com a criação, a construção de pontes e a promoção da paz são características que definem tanto o santo medieval quanto o papa contemporâneo.

A influência do cardeal brasileiro Dom Cláudio Hummes na escolha do nome papal simboliza a conexão entre o pontificado de Francisco e a

Igreja latino-americana, com sua rica tradição de compromisso social e opção pelos pobres. Representa também a importância das amizades e influências pessoais na vida espiritual e nas decisões mais significativas.

O significado simbólico da escolha do nome Francisco para o pontificado é multifacetado: representa uma ruptura com tradições obsoletas, um chamado à reforma e renovação da Igreja, um compromisso com a ecologia e a justiça social, e um estilo de liderança baseado no serviço e na proximidade com o povo.

Em última análise, a escolha do nome Francisco reflete a convicção profunda do Papa de que a Igreja deve retornar à simplicidade e à radicalidade do Evangelho, seguindo o exemplo de Jesus Cristo, que, "sendo rico, se fez pobre por nós" (2 Coríntios 8,9). Neste sentido, São Francisco de Assis, conhecido como "o espelho de Cristo", oferece um modelo inspirador para a renovação eclesial que o Papa buscou promover.

Ao longo de seu pontificado, Francisco demonstrou fidelidade ao programa implícito em seu nome papal, enfrentando resistências e incompreensões, mas também inspirando milhões de pessoas dentro e fora da Igreja com seu exemplo de autenticidade evangélica. Como seu homônimo medieval, ele buscou "reparar a casa de Deus" não apenas com palavras, mas principalmente com gestos concretos de amor, serviço e proximidade com os mais necessitados.

> "Deus nunca se cansa de perdoar; somos nós que nos cansamos de pedir perdão."
>
> *Homilia na Basílica de São Pedro, 17 de março de 2013.*

Capítulo 3

Um Papa dos Pobres e Marginalizados

A OPÇÃO PREFERENCIAL PELOS EXCLUÍDOS

Desde o primeiro momento de seu pontificado, o Papa Francisco deixou claro que os pobres e marginalizados ocupariam um lugar central em seu ministério. Quando explicou a escolha de seu nome papal, inspirado em São Francisco de Assis, mencionou o momento em que o cardeal brasileiro Dom Cláudio Hummes, sentado ao seu lado no conclave, abraçou-o após sua eleição e sussurrou: "Não se esqueça dos pobres". Estas palavras ressoaram profundamente em seu coração e definiram o rumo de seu papado.

Em sua primeira audiência com jornalistas, poucos dias após sua eleição, Francisco expressou seu desejo: "Como eu gostaria de uma Igreja pobre, para os pobres!". Esta não era apenas uma declaração retórica, mas um programa de ação que se manifestaria em iniciativas concretas ao longo de seu pontificado.

A opção preferencial pelos pobres, conceito desenvolvido pela teologia latino-americana e reafirmado pelo magistério da Igreja nas últimas décadas, encontrou em Francisco um defensor incansável. Para ele, esta opção não era opcional, mas uma exigência da fé cristã, enraizada no próprio exemplo de Jesus, que, "sendo rico, se fez pobre por nós, para que nos tornássemos ricos por meio de sua pobreza" (2 Coríntios 8,9).

TRABALHO COM MORADORES DE RUA EM ROMA

Uma das expressões mais visíveis do compromisso do Papa Francisco com os excluídos foi seu trabalho com os moradores de rua, em Roma. Em uma cidade que atrai milhões de turistas e peregrinos anualmente, a presença de pessoas sem-teto nas proximidades do Vaticano representava um contraste doloroso que não passou despercebido ao novo pontífice.

BANHEIROS E CHUVEIROS NA PRAÇA DE SÃO PEDRO

Em novembro de 2014, o Vaticano anunciou a instalação de três chuveiros e um serviço de barbearia para pessoas sem-teto sob as colunatas da Praça de São Pedro. Esta iniciativa surgiu após o arcebispo Konrad Krajewski, esmoleiro papal (responsável pelas obras de caridade do Papa), encontrar um morador de rua que recusou seu convite para celebrar seu aniversário porque não tinha onde tomar banho.

"Ofereci-lhe meus parabéns porque era seu aniversário e perguntei se gostaria de jantar comigo. Ele disse que não podia por causa do cheiro", relatou o arcebispo. Diante desta situação, Krajewski levou o problema ao Papa Francisco, que imediatamente autorizou a instalação dos chuveiros.

Esta iniciativa foi posteriormente expandida para outras paróquias de Roma, que foram encorajadas a instalar instalações semelhantes. O projeto não se limitou a fornecer estrutura física, mas incluiu também a distribuição de kits de higiene, toalhas e roupas íntimas novas para os usuários.

SERVIÇOS DE CABELEIREIRO E BARBEARIA

Em abril de 2015, o Vaticano complementou a iniciativa dos chuveiros com a abertura de um serviço gratuito de cabeleireiro e barbearia para moradores de rua. Funcionando às segundas-feiras – dia em que a maioria dos salões de beleza de Roma está fechada –, o serviço contava com profissionais voluntários que ofereciam cortes de cabelo, de barba, e até mesmo manicures.

"Este é um gesto concreto de caridade que restaura a dignidade", explicou o arcebispo Krajewski. "Quando você está sujo e não tem a possibilidade de tomar um banho, você é rejeitado pela sociedade. Nosso Senhor sempre foi com os últimos, e nós tentamos fazer o mesmo."

A iniciativa refletia a convicção do Papa Francisco de que a caridade cristã deve ir além da satisfação das necessidades básicas de sobrevivência, atendendo também à dignidade integral da pessoa humana. Um corte de cabelo ou uma barba bem-feita podem parecer luxos supérfluos para quem vive na rua, mas são gestos que restauram a autoestima e o senso de valor pessoal.

TRANSFORMAÇÃO DO PALAZZO MIGLIORI EM ALBERGUE

Em novembro de 2019, o Papa Francisco deu mais um passo significativo em seu compromisso com os moradores de rua ao transformar um palácio do século XIX, próximo à Praça de São Pedro, em um abrigo para pessoas sem-teto.

O Palazzo Migliori, um edifício de quatro andares que havia servido como sede para uma ordem religiosa feminina, foi convertido em um espaço capaz de acolher até 50 pessoas, oferecendo não apenas dormitórios, mas também refeitório, sala de TV, capela e áreas de convivência.

"A beleza cura", afirmou o arcebispo Krajewski na inauguração do espaço, explicando que o palácio manteve sua elegância original, com afrescos e decorações refinadas. "Este é um lugar onde os moradores de rua são tratados com dignidade."

A administração do abrigo foi confiada à Comunidade de Sant'Egidio, uma organização católica com longa experiência no trabalho com pessoas em situação de vulnerabilidade. Além de oferecer abrigo noturno, o espaço também funciona como centro de acolhida durante o dia, proporcionando refeições, assistência médica básica e orientação para acesso a serviços sociais.

A decisão de transformar um edifício valioso e bem localizado em um abrigo para pessoas sem-teto foi emblemática do estilo de Francisco. Em vez de vender ou alugar o imóvel para gerar receita, ou utilizá-lo para fins administrativos ou diplomáticos, o Papa optou por colocá-lo a serviço dos mais necessitados, demonstrando concretamente sua visão de uma "Igreja pobre para os pobres".

DISTRIBUIÇÃO DE VACINAS DURANTE A PANDEMIA

Durante a pandemia de Covid-19, o Papa Francisco demonstrou mais uma vez sua preocupação com os moradores de rua, um grupo particularmente vulnerável à doença devido às condições precárias em que vivem e à dificuldade de acesso a cuidados médicos.

Em janeiro de 2021, o Vaticano iniciou uma campanha de vacinação para pessoas sem-teto que frequentavam os serviços de assistência da Santa Sé. A iniciativa, coordenada pelo Dicastério para o Serviço da Caridade (anteriormente conhecido como Esmolaria Apostólica), garantiu que centenas de pessoas em situação de rua recebessem as doses da vacina contra o coronavírus.

"Ninguém deve ser deixado para trás", afirmou o arcebispo Krajewski, ecoando um princípio frequentemente repetido pelo Papa Francisco. A campanha de vacinação foi acompanhada por outras medidas de apoio durante a pandemia, como a distribuição de alimentos, produtos de higiene e máscaras, além da manutenção dos serviços de chuveiros e barbearia com protocolos sanitários reforçados.

ENCONTROS COM MOVIMENTOS POPULARES

Além de iniciativas concretas de assistência, o Papa Francisco buscou estabelecer um diálogo direto com movimentos sociais e organizações que representam os excluídos. Entre 2014 e 2021, promoveu quatro Encontros Mundiais de Movimentos Populares, reunindo representantes de catadores de materiais recicláveis, trabalhadores informais, indígenas, camponeses sem terra, moradores de favelas e outros grupos marginalizados.

Estes encontros não foram apenas gestos simbólicos, mas também espaços de escuta e diálogo genuíno, onde o Papa reconheceu o protagonismo dos pobres na luta por justiça social. Em suas intervenções, Francisco enfatizou o que chamou de "três T": Terra, Teto e Trabalho, considerados por ele direitos sagrados pelos quais vale a pena lutar.

"Os movimentos populares expressam a necessidade urgente de revitalizar nossas democracias, tantas vezes sequestradas por inúmeros fatores", afirmou o Papa no IV Encontro Mundial de Movimentos Populares, realizado virtualmente em 2021. "É impossível imaginar um futuro para a sociedade sem a participação ativa dos grandes movimentos populares."

Esta valorização dos movimentos populares como agentes de transformação social representou uma mudança significativa na relação da Igreja com as organizações de base. Em vez de vê-las com desconfiança ou tentar controlá-las, Francisco reconheceu sua legitimidade e importância, estabelecendo alianças estratégicas na luta por um mundo mais justo e fraterno.

DEFESA DOS MIGRANTES E REFUGIADOS

Uma das marcas mais distintivas do pontificado de Francisco foi sua defesa incansável dos migrantes e refugiados, que ele considerava "os excluídos entre os excluídos" no mundo contemporâneo. Sua primeira viagem apostólica fora de Roma, em julho de 2013, foi à ilha italiana de

Lampedusa, principal porta de entrada para migrantes que atravessam o Mediterrâneo em busca de uma vida melhor na Europa.

Nesta visita, Francisco denunciou o que chamou de "globalização da indiferença" diante do sofrimento dos migrantes. "Quem chorou pela morte destes irmãos e irmãs? Quem chorou por estas pessoas que estavam no barco? Pelas jovens mães que levavam seus filhos? Por estes homens que desejavam algo para sustentar suas famílias?", questionou o Papa em sua homilia, desafiando a consciência coletiva da Europa e do mundo.

Em 2016, durante sua visita à ilha de Lesbos, outro ponto crítico da crise migratória europeia, Francisco protagonizou um gesto concreto de solidariedade ao levar consigo para o Vaticano três famílias de refugiados sírios. Este ato não apenas ofereceu uma nova vida para estas famílias, mas também enviou uma mensagem poderosa aos líderes políticos e às comunidades cristãs sobre a responsabilidade de acolher os estrangeiros.

A preocupação do Papa com os migrantes e refugiados também se expressou em iniciativas institucionais. Em 2017, criou a Seção Migrantes e Refugiados dentro do Dicastério para o Serviço do Desenvolvimento Humano Integral, assumindo pessoalmente a direção desta seção por um período. Sob sua orientação, o Vaticano publicou documentos importantes sobre o tema, como "Responder aos Refugiados e Migrantes: Vinte Pontos de Ação" e "Orientações Pastorais sobre o Tráfico de Pessoas".

Em suas mensagens para o Dia Mundial do Migrante e do Refugiado, celebrado anualmente pela Igreja Católica, Francisco desenvolveu uma teologia da migração baseada na tradição bíblica e no magistério da Igreja. Ele frequentemente lembrava que Jesus, Maria e José foram refugiados no Egito, e que a tradição cristã exige acolhimento e solidariedade para com os estrangeiros.

"Não se trata apenas de migrantes", afirmou o Papa na mensagem para o Dia Mundial do Migrante e do Refugiado de 2019, enfatizando que a forma como tratamos os migrantes revela nossa humanidade e nossos valores mais profundos. "Trata-se também dos nossos medos. As misérias e os medos são a mesma coisa. Trata-se da caridade. Trata-se da nossa humanidade."

CRÍTICAS AO SISTEMA ECONÔMICO GLOBAL

O compromisso do Papa Francisco com os pobres e marginalizados não se limitou a gestos de caridade e assistência. Ele também desenvolveu uma crítica contundente ao sistema econômico global que, em sua visão, gera e perpetua a pobreza e a exclusão social.

Em sua exortação apostólica *Evangelii Gaudium* (A Alegria do Evangelho), publicada em 2013, Francisco afirmou que "esta economia mata" e denunciou a "idolatria do dinheiro" e a "ditadura de uma economia sem rosto e sem um objetivo verdadeiramente humano". Criticou a teoria do "derramamento" ou "transbordamento" (*trickle-down*), segundo a qual o crescimento econômico, favorecido pelo livre mercado, conseguiria por si mesmo produzir maior equidade e inclusão social.

"Alguns ainda defendem as teorias do 'derramamento', que pressupõem que todo crescimento econômico, favorecido pelo livre mercado, consegue por si mesmo produzir maior equidade e inclusão social no mundo. Esta opinião, que nunca foi confirmada pelos fatos, exprime uma confiança vaga e ingênua na bondade daqueles que detêm o poder econômico e nos mecanismos sacralizados do sistema econômico reinante", escreveu o Papa.

Evangelii Gaudium (A Alegria do Evangelho) é a primeira exortação apostólica do Papa Francisco, publicada em 24 de novembro de 2013. É um dos documentos mais importantes de seu pontificado e traça as linhas fundamentais de uma Igreja missionária, próxima, alegre e servidora.

As dez ideias principais de *Evangelii Gaudium* são:

1. O Evangelho é fonte de alegria verdadeira

"*A alegria do Evangelho enche o coração e a vida inteira daqueles que se encontram com Jesus.*" (n. 1)
Francisco convida a redescobrir a alegria que nasce da fé e do encontro com Cristo – uma alegria que é para todos e que deve ser compartilhada.

2. Todos os batizados são missionários

"*Eu sou uma missão nesta terra.*" (n. 273)

A missão não é apenas para padres ou religiosos: cada cristão é chamado a evangelizar com sua vida, em casa, no trabalho, nas relações diárias.

3. A Igreja deve estar em "saída"

"*Prefiro uma Igreja acidentada, ferida e enlameada por ter saído pelas estradas.*" (n. 49)

Francisco propõe uma Igreja missionária e próxima das pessoas, que vai ao encontro das periferias físicas e existenciais.

4. Não ao clericalismo, sim à corresponsabilidade

"*A pastoral em chave missionária exige abandonar o cômodo critério do 'sempre se fez assim'.*" (n. 33)

O Papa critica o clericalismo e o autorreferencialidade da Igreja. Ele pede abertura, criatividade e escuta do povo de Deus.

5. A centralidade dos pobres no coração da Igreja

"*A opção pelos pobres está implícita na fé cristológica.*" (n. 198)

Francisco reafirma o compromisso da Igreja com os marginalizados, denunciando a desigualdade como escândalo e chamando à solidariedade.

6. O anúncio do Evangelho deve ser simples, claro e misericordioso

"*A homilia deve ser breve e evitar parecer uma aula.*" (n. 138)

O Papa pede uma pregação mais próxima, acessível e focada no essencial: o amor de Deus que salva.

7. Evangelizar com ternura e paciência

"*A evangelização com espírito é bem diferente de uma tarefa obcecada por resultados.*" (n. 280)

A missão exige acompanhamento, escuta e respeito pelo ritmo do outro – não pressa, imposição ou dureza.

8. A economia deve estar a serviço da dignidade humana

"Esta economia mata." (n. 53)

O Papa denuncia a cultura do descarte, o consumismo e a idolatria do dinheiro. Defende uma economia que sirva à vida e à justiça social.

9. O diálogo como caminho da paz

"O anúncio do Evangelho é sempre um caminho de diálogo." (n. 238)

A evangelização passa pela construção de pontes com a cultura, as religiões, os não crentes – nunca pelo confronto ou pelo isolamento.

10. Maria é o modelo da evangelização

"Com o Espírito Santo, Maria está sempre presente no meio do povo." (n. 284)

Francisco encerra o texto com um belo louvor a Maria, mulher da escuta, do serviço e da ternura – Mãe missionária por excelência.

Em seus discursos aos líderes políticos e econômicos mundiais, como no Fórum Econômico Mundial de Davos ou nas reuniões do G20, Francisco constantemente lembrava que a economia deve estar a serviço da pessoa humana, e não o contrário. Defendia uma "economia com rosto humano" e criticava o que chamava de "economia que mata", caracterizada pela exclusão, pela desigualdade e pela degradação ambiental.

A encíclica *Laudato Si'* (Louvado Sejas), publicada em 2015, aprofundou esta crítica ao conectar a crise ambiental com a crise social, mostrando como ambas são resultado de um modelo econômico francamente insustentável. Francisco introduziu o conceito de "ecologia integral", que reconhece as interconexões entre os problemas ambientais, sociais, econômicos e culturais.

"Não há duas crises separadas, uma ambiental e outra social, mas uma única e complexa crise socioambiental", afirmou o Papa, criticando o "paradigma tecnocrático dominante" e a "cultura do descarte" que caracterizam o sistema econômico global.

Em sua encíclica *Fratelli Tutti* (Todos Irmãos), de 2020, Francisco desenvolveu ainda mais sua crítica ao neoliberalismo e ao individualismo que permeiam a economia global. Propôs uma visão alternativa baseada na fraternidade universal e na amizade social, defendendo políticas que promovam o bem comum, a dignidade do trabalho, a inclusão social e o cuidado com o meio ambiente.

"O mercado, por si só, não resolve tudo, embora às vezes nos queiram fazer crer neste dogma de fé neoliberal", escreveu o Papa. "Trata-se de um pensamento pobre, repetitivo, que propõe sempre as mesmas receitas diante de qualquer desafio que surja."

CONCLUSÃO: UM PONTIFICADO MARCADO PELA OPÇÃO PELOS POBRES

O trabalho do Papa Francisco com os moradores de rua de Roma, sua defesa dos migrantes e refugiados, seus encontros com movimentos populares e suas críticas ao sistema econômico global não foram iniciativas isoladas ou desconectadas. Elas formam um todo coerente, expressando uma visão de Igreja e de sociedade fundamentada no Evangelho e na tradição social católica.

Para Francisco, a opção preferencial pelos pobres não era uma ideologia política ou uma estratégia pastoral entre outras, mas uma dimensão essencial da fé cristã. Como ele mesmo afirmou em *Evangelii Gaudium*: "Para a Igreja, a opção pelos pobres é mais uma categoria teológica que cultural, sociológica, política ou filosófica. [...] Por isso, quero uma Igreja pobre para os pobres. Estes têm muito para nos ensinar. [...] É necessário que todos nos deixemos evangelizar por eles".

Esta convicção profunda manifestou-se não apenas em palavras, mas também em gestos concretos que transformaram vidas e inspiraram mudanças institucionais. Os chuveiros e barbearias para moradores de rua, o albergue no Palazzo Migliori, a defesa dos migrantes e refugiados, o diálogo com movimentos populares – todas estas iniciativas refletem a visão de uma Igreja "em saída", que vai às periferias existenciais para servir, acompanhar e aprender com os excluídos.

O legado do Papa Francisco nesta área é um chamado constante à conversão pessoal e institucional, a uma fé que se expressa em obras concretas de misericórdia e justiça. É um lembrete de que, como afirmou São João Crisóstomo no século IV, "não compartilhar os próprios bens com os pobres significa roubá-los e tirar-lhes a vida. Não são nossos os bens que possuímos, mas deles".

As mensagens do Papa Francisco nos convidam a reconhecer o rosto de Cristo nos excluídos e marginalizados e a trabalhar por um mundo onde todos possam viver com dignidade, tendo acesso aos bens essenciais resumidos por Francisco nos "três T": Terra, Teto e Trabalho.

> "Prefiro uma Igreja acidentada, ferida e enlameada por ter saído pelas estradas, a uma Igreja enferma pelo fechamento."
>
> *Exortação apostólica Evangelii Gaudium, 2013.*

Capítulo 4

Casos Pitorescos e Exemplos Marcantes

O PAPA QUE SURPREENDEU O MUNDO

Desde os primeiros momentos de seu pontificado, o Papa Francisco cativou o mundo com gestos e atitudes que romperam protocolos e tradições centenárias do Vaticano. Estes não foram apenas atos isolados de espontaneidade, mas expressões concretas de uma visão de Igreja e de liderança fundamentada no exemplo de Jesus Cristo e de São Francisco de Assis.

Neste capítulo, exploraremos alguns dos casos mais pitorescos e exemplos marcantes que definiram o estilo único do Papa Francisco e revelaram a essência de seu pontificado.

O LAVA-PÉS DE PRESIDIÁRIOS

Um dos gestos mais emblemáticos e controversos do Papa Francisco ocorreu logo no início de seu pontificado, na Quinta-feira Santa de 2013.

Seguindo a tradição litúrgica que rememora o gesto de Jesus na Última Ceia, o novo papa decidiu lavar os pés de doze pessoas. No entanto, em vez de realizar a cerimônia na Basílica de São João de Latrão, como era costume, Francisco dirigiu-se ao Centro de Detenção Juvenil de Casal del Marmo, nos arredores de Roma.

Ali, ajoelhou-se diante de doze jovens detentos - incluindo duas mulheres e dois muçulmanos -, e lavou, secou e beijou seus pés. Este gesto causou grande impacto e algumas controvérsias, pois até então a tradição limitava o ritual a homens batizados na Igreja Católica. Ao incluir mulheres e pessoas de religiões diferentes, Francisco enviava uma mensagem clara sobre sua visão de uma Igreja inclusiva, que vai às periferias e serve a todos sem distinção.

"Isto é o que Jesus nos ensinou. Isto é o que eu faço. E faço de coração, porque é meu dever. Como sacerdote e bispo, devo estar a vosso serviço", disse o Papa aos jovens detentos naquela ocasião.

Nos anos seguintes, Francisco continuaria essa prática, lavando os pés de idosos, refugiados, prisioneiros e pessoas com deficiência, sempre enfatizando que o verdadeiro poder na Igreja é o serviço, especialmente aos mais marginalizados.

A PRIMEIRA VIAGEM A LAMPEDUSA

Em julho de 2013, apenas quatro meses após sua eleição, o Papa Francisco realizou sua primeira viagem apostólica fora de Roma. O destino escolhido não foi um grande centro religioso ou político, mas a pequena ilha italiana de Lampedusa, principal porta de entrada para migrantes e refugiados que atravessam o Mediterrâneo em busca de uma vida melhor na Europa.

Nesta visita, Francisco denunciou o que chamou de "globalização da indiferença" diante do sofrimento dos migrantes. Lançou uma coroa de flores ao mar em memória dos milhares que morreram na travessia e celebrou uma missa usando um cálice e um báculo feitos com madeira de barcos naufragados.

"Quem de nós chorou por estas pessoas que estavam no barco? Pelas jovens mães que levavam seus filhos? Por estes homens que desejavam algo para sustentar suas famílias?", questionou o Papa em sua homilia, desafiando a consciência coletiva da Europa e do mundo.

Esta viagem estabeleceu a defesa dos migrantes e refugiados como uma das prioridades de seu pontificado e sinalizou seu compromisso de levar a Igreja às "periferias existenciais", onde o sofrimento humano é mais agudo.

AS 15 DOENÇAS DA CÚRIA

Em dezembro de 2014, durante seu discurso de Natal à Cúria Romana (o corpo administrativo central da Igreja Católica), o Papa Francisco surpreendeu a todos com uma contundente crítica interna. Em vez das tradicionais felicitações natalinas, apresentou um diagnóstico das "15 doenças" que, segundo ele, afligiam a burocracia vaticana.

Entre as "patologias" listadas estavam "a doença de se sentir imortal", "a doença do acúmulo", "a doença da esquizofrenia existencial" (viver uma vida dupla), "a doença da fofoca e da murmuração" e "a doença da indiferença aos outros".

Esse discurso, recebido com desconforto por muitos na Cúria, revelou a determinação de Francisco em reformar não apenas as estruturas administrativas da Igreja, mas também a mentalidade e a cultura institucional que as sustentam. Demonstrou sua convicção de que a renovação da Igreja deve começar por uma conversão pessoal e institucional, um retorno à simplicidade e à autenticidade evangélicas.

ENCONTRO HISTÓRICO COM O PATRIARCA KIRILL

Em fevereiro de 2016, o mundo testemunhou um encontro histórico que havia sido esperado por quase mil anos: o Papa Francisco e o Patriarca Kirill de Moscou, líder da Igreja Ortodoxa Russa, reuniram-se em Cuba.

Foi o primeiro encontro entre um papa e um patriarca de Moscou desde o Grande Cisma de 1054, que dividiu as Igrejas do Oriente e do Ocidente.

O local escolhido para o encontro – uma sala no aeroporto de Havana – e o fato de ocorrer em território neutro, nem católico nem ortodoxo, demonstraram a sensibilidade diplomática de Francisco e sua disposição para superar obstáculos históricos em busca da unidade cristã.

Após duas horas de conversa, os líderes assinaram uma declaração conjunta abordando temas como a perseguição aos cristãos no Oriente Médio, a defesa da família tradicional e a necessidade de paz na Ucrânia. Embora não tenha resolvido as diferenças teológicas e eclesiológicas entre as duas Igrejas, o encontro representou um passo significativo no diálogo ecumênico e demonstrou o compromisso de Francisco com a busca da unidade entre os cristãos.

MOMENTO SOLITÁRIO DURANTE A PANDEMIA

Uma das imagens mais marcantes e comoventes do pontificado de Francisco ocorreu em 27 de março de 2020, no auge da primeira onda da pandemia de Covid-19. Em uma Praça de São Pedro completamente vazia, sob chuva, o Papa caminhou sozinho para conduzir uma extraordinária bênção *Urbi et Orbi* (à cidade e ao mundo).

A imagem do pontífice solitário, subindo lentamente os degraus da praça deserta, tornou-se um símbolo poderoso da solidão e do sofrimento experimentados por milhões de pessoas durante a pandemia. Em sua meditação, Francisco comparou a situação global à tempestade enfrentada pelos discípulos no Evangelho:

"Densas trevas cobriram as nossas praças, ruas e cidades; apoderaram-se das nossas vidas, enchendo tudo de um silêncio ensurdecedor e de um vazio desolador... Percebemo-nos frágeis e desorientados, mas ao mesmo tempo importantes e necessários, todos chamados a remar juntos."

Este momento não apenas demonstrou a capacidade de Francisco de conectar-se com o sofrimento humano, mas também sua habilidade de oferecer esperança e significado espiritual em meio à crise global.

ENCONTRO COM UM LÍDER XIITA NO IRAQUE

Em março de 2021, durante sua histórica visita ao Iraque – a primeira de um papa ao país –, Francisco protagonizou outro encontro sem precedentes. Na cidade sagrada de Najaf, reuniu-se com o Grande Aiatolá Ali al-Sistani, uma das mais altas autoridades religiosas do Islã xiita.

O encontro privado, que durou cerca de 45 minutos, foi descrito como "muito positivo" pelo Vaticano. Embora não tenha resultado em uma declaração conjunta formal, o simples fato de ter ocorrido enviou uma poderosa mensagem de diálogo inter-religioso em um país marcado por conflitos sectários.

A visita ao Iraque como um todo, realizada apesar dos riscos de segurança e da pandemia em curso, demonstrou a determinação de Francisco em promover a paz e a fraternidade em regiões de conflito. Em Ur, tradicional terra natal de Abraão, o Papa participou de um encontro inter-religioso, enfatizando as raízes comuns das três grandes religiões abraâmicas: judaísmo, cristianismo e islã.

PEDIDO DE DESCULPAS NO CANADÁ

Em julho de 2022, o Papa Francisco realizou uma "peregrinação penitencial" ao Canadá, onde pediu perdão pelo papel da Igreja Católica nos abusos cometidos contra crianças indígenas nas escolas residenciais administradas pela Igreja entre os séculos XIX e XX.

Em um encontro com representantes dos povos indígenas em Maskwacis, Alberta, o Papa expressou "tristeza e vergonha" pelo mal causado por muitos cristãos aos povos indígenas:

"Peço perdão, em particular, pela maneira como muitos membros da Igreja e das comunidades religiosas cooperaram, também pela indiferença, nesses projetos de destruição cultural e assimilação forçada."

Este pedido de desculpas, há muito esperado pelas comunidades indígenas canadenses, foi um exemplo concreto da disposição de Francisco em confrontar os erros históricos da Igreja e buscar a reconciliação. Demonstrou sua convicção de que a autenticidade evangélica exige humildade para reconhecer falhas e pedir perdão.

LÁGRIMAS PELA UCRÂNIA

Em 8 de dezembro de 2022, durante uma visita à estátua da Imaculada Conceição na Praça de Espanha, em Roma, o Papa Francisco foi visto chorando ao mencionar a Ucrânia em suas orações. Sua voz se embargou, e ele precisou fazer uma pausa antes de continuar sua oração pela paz.

"Imaculada Virgem, hoje gostaria de te trazer os agradecimentos do povo ucraniano", disse o Papa, antes de ser tomado pela emoção.

Este momento de vulnerabilidade humana, captado pelas câmeras, revelou a profunda empatia de Francisco pelo sofrimento causado pela guerra na Ucrânia. Desde o início da invasão russa em fevereiro de 2022, o Papa havia feito repetidos apelos pela paz e enviado ajuda humanitária para o país.

A emoção demonstrada naquela ocasião não foi apenas um reflexo de sua preocupação com a situação específica da Ucrânia, mas também de sua convicção mais ampla sobre o absurdo e a imoralidade da guerra como meio de resolver conflitos.

FRASES MARCANTES E IMPACTANTES

Ao longo de seu pontificado, o Papa Francisco tornou-se conhecido por suas declarações diretas e muitas vezes surpreendentes, que frequentemente desafiavam o *status quo* e provocavam reflexão. Algumas de suas frases mais marcantes incluem:

"Quem sou eu para julgar?": a resposta dada a jornalistas em 2013, quando questionado sobre pessoas homossexuais que buscam a Deus, tornou-se emblemática de sua abordagem pastoral mais inclusiva e misericordiosa.

"Esta economia mata": crítica contundente ao sistema econômico global que, em sua visão, prioriza o lucro sobre as pessoas e gera desigualdades inaceitáveis.

"A Igreja não é uma alfândega, é a casa paterna onde há lugar para todos": expressando sua visão de uma Igreja acolhedora e misericordiosa, em contraste com uma instituição focada em regras e exclusões.

"Prefiro uma Igreja acidentada, ferida e enlameada por ter saído pelas estradas, a uma Igreja enferma pelo fechamento e pela comodidade de se agarrar às próprias seguranças": um chamado para uma Igreja em saída, que não teme arriscar-se para alcançar aqueles que estão nas periferias.

"Deus nunca se cansa de perdoar; somos nós que nos cansamos de pedir perdão": enfatizando a infinita misericórdia divina, um tema central de seu pontificado.

"A medida de uma sociedade é dada pela forma como trata os mais necessitados": expressando sua convicção de que a justiça social é um critério fundamental para avaliar qualquer sociedade.

"Rezem por mim": um pedido simples que Francisco fez desde o primeiro momento de seu pontificado e que repetiu constantemente, revelando sua humildade e consciência da necessidade de apoio espiritual.

Estas frases, muitas vezes pronunciadas em contextos informais ou improvisados, revelam a autenticidade e a espontaneidade que caracterizaram o estilo comunicativo de Francisco. Mais do que meras citações, elas expressam convicções profundas que orientaram seu ministério papal.

CONCLUSÃO: UM PONTIFICADO DE GESTOS E PALAVRAS PROFÉTICAS

Os casos pitorescos e exemplos marcantes apresentados neste capítulo não são meros episódios anedóticos ou curiosidades do pontificado de

Francisco. Eles constituem expressões concretas de uma visão de Igreja e de liderança fundamentada no Evangelho, especialmente no exemplo de Jesus que "não veio para ser servido, mas para servir" (Mateus 20,28).

Por meio desses gestos e palavras, Francisco buscou comunicar mensagens profundas: a centralidade da misericórdia na vida cristã; a opção preferencial pelos pobres e marginalizados; a importância do diálogo ecumênico e inter-religioso; a necessidade de uma Igreja em saída, que vai às periferias existenciais; a urgência da paz em um mundo marcado por conflitos; e a responsabilidade de cuidar da casa comum.

Esses exemplos também revelam um estilo de liderança caracterizado pela autenticidade, simplicidade, coragem e proximidade com as pessoas comuns. Francisco demonstrou que a autoridade papal pode ser exercida não por meio de pompa e circunstância, mas pelo serviço humilde e pelo testemunho pessoal.

O Papa Francisco não teve medo de mostrar vulnerabilidade, de admitir erros (pessoais e institucionais) e de pedir perdão. Esta humildade, longe de diminuir sua autoridade moral, na verdade a fortaleceu, conquistando o respeito e a admiração de muitos, mesmo fora da Igreja Católica.

Os gestos e palavras do Papa Francisco continuarão a inspirar e desafiar a Igreja e o mundo muito além de seu pontificado. Eles nos convidam a refletir sobre o verdadeiro significado do poder como serviço, sobre a centralidade dos pobres e marginalizados no projeto de Deus, e sobre a possibilidade de uma fraternidade universal que transcenda divisões religiosas, culturais e políticas.

> "Apenas os que dialogam podem construir pontes e vínculos."
>
> *Mensagem sobre diálogo, data não especificada.*

Capítulo 5

Um Servo à Imagem de Cristo

O MODELO DE JESUS NA VIDA DO PAPA FRANCISCO

Ao longo de seu pontificado, o Papa Francisco demonstrou constantemente sua inspiração no exemplo de Jesus Cristo, especialmente no que diz respeito à humildade, ao serviço aos outros e à compaixão pelos marginalizados. Sua vida e ações refletem uma tentativa consciente de seguir o modelo de Cristo, não apenas em palavras, mas também em gestos concretos que tocam a vida das pessoas.

Em uma de suas homilias, o Papa Francisco destacou que "Jesus nos mostra no Evangelho como enfrentar os momentos difíceis e as tentações mais insidiosas, guardando no coração uma paz que não é isolamento, não é ficar impassível nem fazer o super-homem, mas confiante abandono ao Pai e à sua vontade de salvação, de vida e misericórdia". Esta reflexão revela como o Papa buscou em Jesus não apenas um exemplo moral, mas também um guia para enfrentar os desafios da vida com fé e confiança.

O pontificado de Francisco foi marcado por um constante esforço de retornar à essência do Evangelho, à simplicidade e à radicalidade da mensagem de Jesus. Como ele mesmo afirmou em diversas ocasiões, a Igreja deve ser menos autorreferencial e mais centrada em Cristo, menos preocupada com a própria preservação institucional e mais comprometida com a missão de anunciar o Reino de Deus e servir aos mais necessitados, seguindo o exemplo de seu fundador.

A HUMILDADE COMO VALOR CENTRAL

A humildade é um dos valores mais evidentes tanto na vida de Jesus quanto na do Papa Francisco. Em uma homilia sobre o Domingo de Ramos, o Papa enfatizou que Jesus "permanece fiel ao seu caminho, o caminho da humildade", contrastando-o com o triunfalismo que "procura tornar a meta mais próxima por meio de atalhos, falsos comprometimentos".

Francisco destacou que "ao mesmo tempo o coração de Cristo encontra-se noutro caminho, no caminho santo que só Ele e o Pai conhecem: aquele que vai da 'condição divina' à 'condição de servo', o caminho da humilhação na obediência 'até à morte e morte de cruz'". Esta reflexão mostra como o Papa via em Jesus o modelo perfeito de humildade, que ele próprio buscava seguir.

Em outra ocasião, durante uma missa em sufrágio dos cardeais e bispos falecidos, o Papa Francisco refletiu sobre a humildade cristã, definindo-a como "a predisposição basilar da vida: crer-se necessitado de Deus e dar-lhe espaço, depositando n'Ele toda a confiança". Ele acrescentou que "Deus ama a humildade, porque lhe permite interagir conosco. Mais, Deus ama a humildade, porque Ele mesmo é humilde. Desce até nós, abaixa-se; não se impõe, deixa espaço. Deus não só é humilde, mas é humildade".

Esta compreensão profunda da humildade divina inspirou o Papa Francisco a adotar um estilo de vida simples e despojado, recusando muitos dos privilégios e luxos tradicionalmente associados ao papado, assim como Jesus recusou os símbolos de poder e prestígio de sua época.

Desde o início de seu pontificado, Francisco demonstrou esta humildade em gestos concretos: optou por morar na Casa Santa Marta em vez de no luxuoso Palácio Apostólico; usava sapatos comuns em vez dos tradicionais mocassins vermelhos papais; carregava a própria bagagem em viagens; utilizava carros modestos; e frequentemente pedia às pessoas que rezassem por ele, reconhecendo a própria necessidade de apoio espiritual.

Em seu primeiro encontro com jornalistas logo após a eleição, o Papa Francisco explicou por que escolheu o nome do santo de Assis: "Como eu gostaria de uma Igreja pobre, para os pobres!". Esta declaração não era apenas um *slogan*, mas uma expressão sincera de seu desejo de uma Igreja que, seguindo o exemplo de Jesus, se despojasse de riquezas e privilégios para servir aos mais necessitados.

A humildade do Papa Francisco não se manifestava apenas em seu estilo de vida pessoal, mas também em sua abordagem do ministério papal. Ele frequentemente enfatizava que o verdadeiro poder na Igreja é o serviço, não a dominação ou o prestígio. Em sua primeira Quinta-feira Santa como papa, lavou os pés de jovens detentos, incluindo mulheres e muçulmanos, demonstrando que o serviço cristão deve ser dirigido a todos, sem distinção.

Esta atitude de humildade também se refletia na disposição de Francisco para reconhecer erros e pedir perdão, tanto por falhas pessoais quanto por pecados históricos da Igreja. Em diversas ocasiões, ele pediu perdão pelos abusos cometidos por membros do clero, pela discriminação contra grupos marginalizados e por outros erros da Igreja ao longo da história. Este reconhecimento humilde de falhas ecoa o espírito de Jesus, que ensinou que a verdade nos libertará (João 8,32).

O SERVIÇO COMO EXPRESSÃO DE AMOR

O serviço aos outros, especialmente aos mais necessitados, é mais um ponto de convergência entre Jesus e o Papa Francisco. Durante sua missa inaugural, o Papa afirmou que "o verdadeiro poder de um Papa é o serviço humilde, concreto e rico de fé". Ele também exortou os fiéis a "guardarem Cristo na nossa vida, para guardar os outros", mostrando como o serviço cristão deve ser fundamentado no exemplo de Jesus.

O Papa Francisco frequentemente recordava o gesto de Jesus ao lavar os pés dos discípulos na Última Ceia, um ato que ele próprio reproduzia em sua prática pastoral. Seguindo o exemplo de Cristo, o Papa realizou o ritual do lava-pés com prisioneiros, pobres e marginalizados, demonstrando que o serviço cristão deve ser dirigido especialmente àqueles que a sociedade rejeita ou ignora.

O Cenáculo, onde Jesus realizou este gesto, "recorda-nos o serviço, o lava-pés que Jesus realizou, como exemplo para os seus discípulos. Lavar os pés uns aos outros significa acolher-se, aceitar-se, amar-se, servir-se reciprocamente". O Papa Francisco vivia este ensinamento não apenas em ocasiões especiais, mas também em seu ministério cotidiano, buscando estar próximo dos pobres, doentes, prisioneiros e refugiados.

Em sua exortação apostólica *Evangelii Gaudium* (A Alegria do Evangelho), Francisco enfatiza que "Jesus lavou os pés dos seus discípulos. O Senhor envolve-Se e envolve os seus, pondo-Se de joelhos diante dos outros para os lavar; mas, logo a seguir, diz aos discípulos: 'Sereis felizes se o puserdes em prática' (Jo 13,17). Com obras e gestos, a comunidade missionária entra na vida diária dos outros, encurta as distâncias, abaixa-se – se for necessário – até a humilhação e assume a vida humana, tocando a carne sofredora de Cristo no povo".

Esta visão do serviço como expressão concreta do amor cristão orientou as iniciativas do Papa Francisco em favor dos mais vulneráveis: a instalação de chuveiros para moradores de rua no Vaticano; a transformação de um palácio em abrigo para pessoas sem-teto; suas visitas a prisões, campos de refugiados e hospitais; seu apoio a programas de assistência a migrantes e vítimas de tráfico humano; e suas críticas constantes a um sistema econômico que marginaliza os pobres.

Para o Papa Francisco, seguindo o exemplo de Jesus, o serviço não era uma atividade opcional ou periférica da vida cristã, mas sua essência.

Como ele afirmou em uma homilia: "Servir é reinar. O poder está no serviço. Como Jesus, que não veio para ser servido, mas para servir e dar a vida pelos outros".

A COMPAIXÃO PELOS MARGINALIZADOS

A compaixão pelos marginalizados e excluídos da sociedade é uma característica marcante tanto de Jesus quanto do Papa Francisco. Em uma homilia, o Papa refletiu sobre a compaixão de Jesus, destacando que "a compaixão de Jesus tem uma caraterística: é concreta. Diz o Evangelho que Ele se aproxima e toca no caixão. Tocar no caixão de um morto era inútil; além disso, naquele tempo, era considerado um gesto impuro, que contaminava quem o fazia. Mas Jesus não presta atenção a isso, a sua compaixão elimina distâncias e o leva a aproximar-se. É o estilo de Deus, feito de proximidade, compaixão e ternura; e de poucas palavras".

Esta reflexão revela como o Papa Francisco via em Jesus um modelo de compaixão que transcende as convenções sociais e religiosas para alcançar aqueles que sofrem. Ele próprio buscou seguir este exemplo, aproximando-se dos excluídos e marginalizados, tocando-os literalmente, como fez em inúmeras ocasiões com doentes, prisioneiros e pessoas com deficiência.

O Papa também destacou que Jesus tem uma predileção especial pelos "órfãos e viúvas, que a Bíblia indica, junto com o estrangeiro, como as pessoas mais sós e abandonadas, que não podem confiar em mais ninguém senão em Deus". Esta atenção aos mais vulneráveis era uma constante no ministério do Papa Francisco, que frequentemente denunciava a "cultura do descarte" que marginaliza os pobres, idosos, doentes e não nascidos.

Em sua primeira viagem apostólica fora de Roma, Francisco escolheu visitar a ilha de Lampedusa, porta de entrada para migrantes que arriscam a vida atravessando o Mediterrâneo. Ali, denunciou a "globalização da indiferença" diante do sofrimento dos migrantes e refugiados. Esta escolha simbolizava sua intenção de colocar os marginalizados no centro de seu pontificado, seguindo o exemplo de Jesus, que buscava as ovelhas perdidas (Lucas 15,4-7).

A compaixão do Papa Francisco pelos marginalizados não se limitava a gestos simbólicos. Ela se traduzia em posicionamentos concretos, além de bastante corajosos. Ele era um defensor incansável dos direitos dos migrantes e refugiados, dos povos indígenas, das vítimas de tráfico humano, dos presos, dos doentes e de todos aqueles que a sociedade tende a ignorar ou rejeitar.

Em sua encíclica *Fratelli Tutti* (Todos Irmãos), Francisco desenvolve a parábola do Bom Samaritano (Lucas 10,25-37) como modelo para a fraternidade universal e a compaixão pelos excluídos. Ele convida cada pessoa a identificar-se não com o sacerdote ou o levita que passam ao largo do homem ferido, mas com o samaritano que se compadece, aproxima-se e cuida concretamente de quem sofre, mesmo sendo este um estrangeiro ou inimigo.

Esta compaixão ativa pelos marginalizados, inspirada diretamente no exemplo de Jesus, é uma das características mais marcantes do pontificado de Francisco e um dos aspectos que mais ressoam às pessoas dentro e fora da Igreja.

A VIDA DE ORAÇÃO E A RELAÇÃO COM O PAI

A vida de oração e a relação íntima com Deus Pai é outro aspecto em que o Papa Francisco buscou seguir o exemplo de Jesus. Ele frequentemente destacava a importância do silêncio e da oração na vida de Jesus, especialmente nos momentos de maior dificuldade.

Em uma homilia sobre a Paixão, o Papa refletiu sobre "o silêncio de Jesus na sua Paixão. Vence, inclusive, a tentação de responder, de ser 'midiático'. Nos momentos de escuridão e grande tribulação, é preciso ficar calado, ter a coragem de calar, contanto que seja um calar manso e não rancoroso".

Este silêncio orante de Jesus inspira o Papa Francisco a buscar momentos de recolhimento e oração, mesmo em meio à sua agenda agitada. Ele frequentemente enfatizava a importância da oração na vida cristã, não como uma fuga do mundo, mas como uma fonte de força para o serviço aos outros.

Em sua exortação apostólica *Gaudete et Exsultate* (Alegrai-vos e Exultai), Francisco dedica um capítulo inteiro à oração, destacando-a como um aspecto essencial da santidade cristã. Ele escreveu: "Não acredito na santidade sem oração, embora não se trate necessariamente de longos momentos ou de sentimentos intensos".

Gaudete et Exsultate (Alegrai-vos e Exultai): exortação apostólica sobre o chamado à santidade no mundo atual: expressão que vem do Evangelho de Mateus 5,12 – "Alegrai-vos e exultai, porque será grande a vossa recompensa nos céus" – parte do Sermão da Montanha e das Bem-aventuranças, que o Papa colocava como o coração da santidade cristã.

As dez ideias principais da *Gaudete et Exsultate* são:

1. Todos são chamados à santidade

"*A santidade é o rosto mais belo da Igreja.*" (n. 9)

Francisco afirma que a santidade não é para uma elite, mas para todos, inclusive para leigos, mães, pais, jovens, trabalhadores e idosos.

2. Santidade é vivida no cotidiano

"*Não pensemos apenas nos mártires. A santidade se encontra nas portas ao lado.*" (n. 6-7)

Ser santo é viver com amor e fidelidade as pequenas coisas do dia a dia: cuidar da família, trabalhar com justiça, sorrir ao servir, perdoar com humildade.

3. Cuidado com os falsos modelos de santidade

"*Nem o gnosticismo nem o pelagianismo nos ajudam a ser santos.*" (cap. II)

O Papa alerta contra duas tentações:

- Gnosticismo: intelectualismo vazio, que separa a fé da vida real;
- Pelagianismo: confiança excessiva no esforço humano, como se a graça não fosse necessária.

4. A santidade passa pelo amor ao próximo

"*O critério de julgamento é o que fizemos pelos outros.*" (n. 95-96)

A santidade se mede pelo amor concreto, especialmente aos pobres, aos pequenos e aos sofredores (cf. Mateus 25,31-46).

5. Não há santidade sem alegria

"*O santo é capaz de viver com alegria e senso de humor.*" (n. 122)

O título da exortação já anuncia: o caminho da santidade é alegre e libertador, não pesado ou triste.

6. Vigilância contra o espírito do mundo

"*A mundanidade espiritual, disfarçada de religiosidade, sufoca a santidade.*" (n. 100)

Francisco convida à vigilância contra o orgulho, o consumismo, o individualismo e a vaidade que se infiltram nas atitudes religiosas.

7. A vida interior é essencial

"*Não se pode sustentar a santidade sem momentos de oração, silêncio e escuta.*" (n. 147-157)

A oração, a leitura da Palavra, os sacramentos e a contemplação são alimento para o coração santo.

8. A luta espiritual é real

"A vida cristã é um combate constante." (n. 158-162)

O Papa lembra que há um combate interior contra o mal, o egoísmo e as tentações, e que é necessário contar com a graça e com o discernimento espiritual.

9. Discernir é parte do caminho da santidade

"O discernimento é mais necessário hoje do que nunca." (n. 166)

Francisco convida a exercitar o discernimento diante das escolhas da vida, ouvindo o Espírito Santo e buscando a vontade de Deus com coragem.

10. Maria é modelo de santidade para todos

"Ela é a santa entre os santos, a mais bem-aventurada." (n. 176)

Maria viveu a santidade com humildade, ternura e confiança, sendo modelo para cada cristão no seguimento de Cristo.

O Papa enfatizava especialmente a importância da oração de intercessão, seguindo o exemplo de Jesus, que "intercede por nós" (Romanos 8,34). Ele escreveu: "A intercessão é como 'fermento' no seio da Trindade. É um mergulhar no Pai e descobrir novas dimensões que iluminam as situações concretas e as mudam".

A relação filial com Deus Pai, tão central na vida de Jesus, também era um aspecto fundamental da espiritualidade do Papa Francisco. Ele frequentemente falava de Deus como um Pai misericordioso que nos ama incondicionalmente e está sempre pronto a nos perdoar e acolher, como na parábola do filho pródigo (Lucas 15,11-32).

Em sua primeira encíclica, *Lumen Fidei* (A Luz da Fé), iniciada por Bento XVI e concluída por Francisco, ele escreveu: "A fé não é apenas um caminho, mas também uma edificação, uma preparação de um lugar onde o homem possa habitar juntamente com outros homens. [...] O primeiro lugar onde a fé ilumina a cidade dos homens é a família".

A ênfase na família como espaço privilegiado de experiência do amor de Deus reflete a própria experiência de Jesus, que cresceu na família de Nazaré e frequentemente usava imagens familiares para falar de Deus e do Reino.

Lumen Fidei (A Luz da Fé), encíclica sobre a fé cristã no mundo contemporâneo, escrita em 2013, foi iniciada pelo Papa Bento XVI e completada pelo Papa Francisco, que a publicou, fazendo dela um belo gesto de continuidade entre os dois pontificados.

As dez ideias centrais de *Lumen Fidei* são:

1. A fé é luz para a vida

A fé não é escuridão nem ilusão. Ela é luz que ilumina o caminho, permitindo enxergar com clareza a realidade e dar sentido à existência.

2. A fé nasce do encontro com Jesus

A fé não é apenas um conjunto de ideias, mas um encontro vivo com Cristo, que transforma a vida. A relação pessoal com Ele é o coração da fé cristã.

3. Fé e verdade caminham juntas

Num mundo que relativiza a verdade, a encíclica afirma que a fé não nega a razão, mas a completa. A fé revela a verdade do amor de Deus, que não engana.

4. A fé é comunitária, não individualista

A fé cristã não se vive isoladamente. Ela é recebida da Igreja, cresce na Igreja e é sustentada pelo testemunho da comunidade.

5. A fé é transmitida de geração em geração

A fé chega até nós por meio da tradição viva da Igreja. Pais, catequistas, pastores, santos e mártires fazem parte dessa corrente de fé.

6. A fé transforma o coração e a vida

Crer é abrir-se a uma nova visão da realidade, é permitir que a verdade de Deus transforme nossas atitudes, escolhas e relações.

7. A fé sustenta a busca pela justiça e pelo bem comum

Uma fé autêntica leva ao compromisso com os outros, especialmente com os mais pobres. A fé inspira a luta por uma sociedade mais justa e fraterna.

8. A fé fortalece a esperança diante do sofrimento

A fé não elimina a dor, mas dá sentido a ela. Em meio ao sofrimento, a fé oferece esperança, consolo e confiança no amor de Deus.

9. Maria é modelo de fé

Maria é a que crê plenamente, mesmo sem entender tudo. Com ela, aprendemos que a fé é confiança total no amor de Deus, mesmo na escuridão.

10. A fé é luz para toda a humanidade

A fé não é só para os crentes, mas também uma contribuição essencial para o bem da humanidade. Ela ajuda a construir pontes, a promover o diálogo, a buscar a verdade com humildade.

A SIMPLICIDADE DE VIDA

A simplicidade de vida é outra característica que aproxima o Papa Francisco de Jesus. Assim como Jesus não tinha "onde reclinar a cabeça" (Mateus 8,20), o Papa optou por viver na Casa Santa Marta, em vez do luxuoso Palácio Apostólico. Ele usava roupas e sapatos simples, carregava a própria bagagem e frequentemente utiliza carros modestos.

Esta simplicidade não era apenas um gesto simbólico, mas refletia uma convicção profunda de que a Igreja deve ser "pobre e para os pobres", como ele mesmo declarou logo após sua eleição. O Papa Francisco via na pobreza de Jesus não apenas um exemplo a ser admirado, mas um caminho a ser seguido, especialmente por aqueles que ocupam posições de liderança na Igreja.

Em sua exortação apostólica *Evangelii Gaudium*, Francisco critica duramente o consumismo e o materialismo da sociedade contemporânea, que geram "um vazio no coração" que as pessoas tentam preencher com coisas materiais. Ele convida os cristãos a redescobrirem a "sobriedade feliz" que caracterizava a vida de Jesus e das primeiras comunidades cristãs.

Esta simplicidade de vida não significava, para o Papa, uma rejeição ascética do mundo material, mas uma libertação da "mundanidade espiritual" que coloca os bens materiais e o *status* social acima dos valores evangélicos. Como Jesus ensinou, "onde estiver o teu tesouro, aí estará também o teu coração" (Mateus 6,21).

A opção pela simplicidade também tinha uma dimensão ecológica no pensamento do Papa Francisco. Em sua encíclica *Laudato Si'*, ele conecta o consumismo desenfreado com a degradação ambiental e propõe um estilo de vida mais simples e sustentável como parte da solução para a crise ecológica.

"A espiritualidade cristã propõe uma forma alternativa de entender a qualidade de vida, encorajando um estilo de vida profético e contemplativo, capaz de gerar profunda alegria sem estar obcecado pelo consumo", escreveu o Papa. "É importante acolher um antigo ensinamento, presente em distintas tradições religiosas e também na Bíblia. Trata-se da convicção de que 'menos é mais'."

Esta "ecologia da vida cotidiana", inspirada no exemplo de Jesus e de São Francisco de Assis, é um convite a redescobrir a alegria nas coisas simples, nas relações humanas autênticas e na comunhão com a natureza, em vez de buscar a felicidade na acumulação de bens materiais.

O ANÚNCIO DO REINO DE DEUS

O anúncio do Reino de Deus, central na pregação de Jesus, também ocupa um lugar de destaque no magistério do Papa Francisco. Ele frequentemente falava da necessidade de construir um mundo mais justo e fraterno, onde os valores do Evangelho - amor, justiça, paz, misericórdia - sejam vividos concretamente.

Em suas encíclicas e exortações apostólicas, o Papa desenvolveu uma visão do Reino de Deus que abrange todas as dimensões da vida humana: pessoal, social, econômica, política e ecológica. Assim como Jesus anunciava o Reino não apenas com palavras, mas também com gestos concretos de cura, libertação e inclusão, o Papa Francisco buscava traduzir o Evangelho em ações que transformassem a realidade.

Em *Evangelii Gaudium*, ele escreveu: "O Reino que se antecipa e cresce entre nós abrange tudo, como nos recorda aquele princípio de discernimento que Paulo VI propunha a propósito do verdadeiro desenvolvimento: 'todos os homens e o homem todo'".

Esta visão integral do Reino de Deus levou o Papa a abordar questões que alguns poderiam considerar "políticas" ou "seculares", como a economia, a ecologia, a migração e a paz mundial. Para Francisco, seguindo o exemplo de Jesus, não havia separação entre a fé e a vida concreta, entre a espiritualidade e o compromisso social.

"Uma fé autêntica - que nunca é cômoda nem individualista - comporta sempre um profundo desejo de mudar o mundo, transmitir valores, deixar a terra um pouco melhor depois da nossa passagem por ela", afirma o Papa. Esta convicção ecoa a missão de Jesus, que veio "para que tenham vida e a tenham em abundância" (João 10,10).

O anúncio do Reino de Deus também implicava, para o Papa Francisco, uma denúncia profética das estruturas de pecado que geram sofrimento e exclusão. Assim como Jesus criticava os fariseus e os mercadores do templo, Francisco não hesitava em denunciar a "economia que mata", a "cultura do descarte", a "globalização da indiferença" e outras realidades que contradizem os valores do Reino.

Esta dimensão profética de seu ministério gerou críticas e resistências, mas o Papa manteve-se fiel à sua missão de anunciar o Evangelho em sua integralidade, seguindo o exemplo de Jesus, que não buscava agradar aos poderosos, mas proclamar a verdade com amor.

A MISERICÓRDIA COMO ESSÊNCIA DO EVANGELHO

A misericórdia, tema central da pregação de Jesus, é também um dos pilares do pontificado de Francisco. Ele declarou um Ano Santo da Misericórdia (2015-2016) e frequentemente falava de Deus como um "Pai misericordioso" que acolhe todos os seus filhos, especialmente os pecadores e os que sofrem.

O Papa via na misericórdia não apenas um atributo divino, mas também um chamado à ação para todos os cristãos. Assim como Jesus mostrou misericórdia aos pecadores, doentes e marginalizados, os seguidores de Cristo também são chamados a ser "misericordiosos como o Pai é misericordioso" (Lucas 6,36).

Em sua bula de proclamação do Ano Santo da Misericórdia, *Misericordiae Vultus* (O Rosto da Misericórdia), Francisco escreveu: "Jesus Cristo é o rosto da misericórdia do Pai. [...] Com o seu gesto e a sua palavra, Jesus revelou o rosto da misericórdia de Deus".

O Papa Francisco escreveu e promulgou a bula de proclamação do Ano Santo da Misericórdia, intitulada *Misericordiae Vultus (O Rosto da Misericórdia)*, em 11 de abril de 2015, sábado da Oitava da Páscoa, também conhecido como Véspera do Domingo da Divina Misericórdia. O documento convida a Igreja inteira a viver um tempo de profunda reconciliação, perdão, compaixão e renovação espiritual – tanto pessoal quanto comunitária.

As dez ideias principais da *Misericordiae Vultus* são:

1. Jesus Cristo é o rosto da misericórdia do Pai

Misericordiae vultus significa literalmente *o rosto da misericórdia.* Francisco afirma que a misericórdia de Deus se encarna e se revela plenamente em Jesus, especialmente em seus gestos de compaixão e perdão.

2. A misericórdia é o eixo central da vida cristã

"*A Igreja tem a missão de anunciar a misericórdia de Deus, coração palpitante do Evangelho.*" (n. 12)
Mais do que uma virtude entre outras, a misericórdia é o alicerce da fé, da evangelização e da ação pastoral.

3. A Igreja deve ser sinal de misericórdia no mundo

Francisco propõe que a Igreja abandone posturas rígidas e julgadoras e abrace a ternura e o perdão como linguagem pastoral.

4. O Jubileu é um tempo especial de graça

O Ano Santo da Misericórdia é um tempo para experimentar o perdão de Deus de maneira profunda, por meio dos sacramentos, da escuta da Palavra e da prática da caridade.

5. O perdão de Deus é mais forte que qualquer pecado

"*Deus nunca se cansa de perdoar; somos nós que nos cansamos de pedir perdão.*" (n. 19)
Essa repetida afirmação do Papa reaparece na bula como convite à reconciliação sincera e confiante.

6. A misericórdia exige também justiça e conversão

Misericórdia não é permissividade ou tolerância ao mal, mas um caminho de transformação interior que leva à conversão do coração e à renovação da vida.

7. As obras de misericórdia são critério do julgamento final

Inspirado em Mateus 25, Francisco reforça que servir os pobres, acolher os estrangeiros, visitar os doentes e os presos é viver a fé de forma concreta e fiel.

8. Os confessores devem ser sinais vivos da misericórdia

O Papa convida os sacerdotes a serem acolhedores, pacientes, compreensivos e misericordiosos no confessionário, refletindo o coração do Pai.

9. O perdão deve ser oferecido e pedido

A misericórdia não é apenas recebida – ela deve ser oferecida aos outros, especialmente por meio do perdão, da reconciliação e do cuidado com os que sofrem.

10. Maria é Mãe da Misericórdia

A Virgem Maria, com sua ternura e escuta, é modelo de acolhida da misericórdia de Deus e intercessora dos pecadores. Ela é a "porta" por onde entra o amor divino.

O Papa destaca que a misericórdia não é um sinal de fraqueza, mas de força e justiça autêntica. Ele cita São Tomás de Aquino, que afirmava que "a misericórdia não é contrária à justiça, mas exprime o comportamento de Deus para com o pecador, oferecendo-lhe uma nova possibilidade de se arrepender, se converter e acreditar".

Esta ênfase na misericórdia tem implicações pastorais concretas. O Papa Francisco incentivava a Igreja a ser mais acolhedora e menos julgadora, a oferecer o perdão de Deus a todos que o buscam com sinceridade, independentemente de sua situação ou história pessoal.

Em sua exortação apostólica *Amoris Laetitia* (A Alegria do Amor), o Papa aplica esta abordagem misericordiosa às situações familiares complexas, como os divorciados em nova união. Sem alterar a doutrina sobre a indissolubilidade do matrimônio, ele propõe um discernimento pastoral que considere as circunstâncias concretas de cada caso e busque integrar, não excluir, aqueles que vivem em situações "irregulares".

O Papa Francisco escreveu e publicou a Exortação Apostólica *Amoris Laetitia* (A Alegria do Amor) em 19 de março de 2016, festa de São José, padroeiro das famílias e exemplo de pai justo e cuidadoso. A exortação é fruto de um longo processo sinodal, que incluiu o Sínodo Extraordinário sobre a Família (2014) e o Sínodo Ordinário sobre a Família (2015). Com base nesses encontros e na escuta do povo de Deus, o Papa elaborou um documento amplo sobre o amor na vida conjugal, familiar e comunitária, abordando temas como: amor conjugal e compromisso; educação dos filhos; acolhimento a casais em situações irregulares; espiritualidade da vida em família.

As dez ideias centrais de *Amoris Laetitia, Exortação Apostólica sobre o amor na família*, são:

1. A família é dom, vocação e caminho

"*A alegria do amor que se vive nas famílias é também o júbilo da Igreja.*" (n. 1)
A família é apresentada como núcleo vital da sociedade e da fé, lugar de crescimento, perdão e realização da vocação ao amor.

2. Nem toda família é perfeita – e tudo bem

Francisco reconhece as fragilidades, limites, feridas e desafios da vida familiar moderna. A Igreja é chamada a acompanhar, discernir e integrar cada realidade, e não impor normas frias e universais.

3. Amor é mais do que sentimento: é decisão, esforço e doação

O amor conjugal é tratado com profundidade: afetivo, erótico, espiritual e cotidiano. Não é idealizado, mas visto como caminho de crescimento mútuo e serviço generoso.

4. Acompanhar com misericórdia as situações irregulares

Casais em segunda união, separações, casamentos mistos ou frágeis devem ser acolhidos com escuta, discernimento e respeito, não com condenações automáticas. A lógica da misericórdia deve prevalecer.

5. Educar os filhos é missão insubstituível dos pais

A exortação dedica um capítulo inteiro à formação ética, espiritual e afetiva dos filhos, ressaltando o papel dos pais como educadores do coração, não apenas da inteligência.

6. Discernir, não generalizar

Francisco insiste no princípio do discernimento pastoral: as normas não se aplicam da mesma forma em todas as situações. O caminho de fé é pessoal, progressivo e muitas vezes imperfeito.

7. A Igreja é mãe, não juíza

A comunidade cristã deve acolher as famílias com ternura, reconhecer seus esforços e ajudá-las a crescer no amor, sem excluir nem rotular aqueles que vivem situações "irregulares".

8. A sexualidade é dom e linguagem de amor

A sexualidade é abordada com naturalidade e beleza, como expressão do amor entre os esposos e dimensão importante da comunhão conjugal, sem moralismos ou tabu.

9. O matrimônio é vocação e caminho de santidade

O Papa recorda que casais santos vivem entre panelas, contas, alegrias e crises, e que o amor cotidiano é também forma concreta de viver a graça e a vocação cristã.

10. A espiritualidade familiar é feita de gestos simples

A oração, o perdão, a gratidão, o abraço, a escuta e o tempo juntos são sinais da espiritualidade encarnada e doméstica. Deus habita a casa onde o amor é vivido com verdade.

Esta abordagem pastoral, inspirada diretamente no exemplo de Jesus, que não condenou a mulher adúltera, mas a convidou a "não pecar mais" (João 8,11), tem gerado debates e interpretações divergentes. No entanto, reflete a convicção profunda do Papa de que a misericórdia é "a viga mestra que sustenta a vida da Igreja" e deve orientar toda a sua ação pastoral.

A misericórdia, para Francisco, não era apenas um sentimento de compaixão, mas uma atitude concreta que se traduz em obras. Em *Misericordiae Vultus*, ele escreveu: "É meu vivo desejo que o povo cristão reflita, durante o Jubileu, sobre as obras de misericórdia corporal e espiritual. Será uma maneira de acordar a nossa consciência, muitas vezes adormecida perante o drama da pobreza, e de entrar cada vez mais no coração do Evangelho, onde os pobres são os privilegiados da misericórdia divina".

Esta conexão entre misericórdia e serviço aos pobres era uma constante no magistério do Papa, refletindo a unidade indissolúvel entre amor a Deus e amor ao próximo que Jesus ensinou (Mateus 22,36-40).

CONCLUSÃO: UM PONTIFICADO À IMAGEM DE CRISTO

O pontificado do Papa Francisco pode ser visto como uma tentativa constante de seguir o exemplo de Jesus Cristo em todos os aspectos: na humildade, no serviço, na compaixão pelos marginalizados, na oração, na simplicidade de vida, no anúncio do Reino de Deus e na prática da misericórdia.

Como ele mesmo afirmou, "os cristãos, sobretudo o papa, os cardeais, os bispos, são chamados a ser humildes trabalhadores: a servir, não a ser servidos; a pensar menos nos próprios frutos e mais nos frutos da vinha do Senhor. E como é maravilhoso renunciar a si mesmo pela Igreja de Jesus!".

Esta renúncia a si mesmo em favor dos outros, este esvaziamento que abre espaço para Deus agir, esta predileção pelos pobres e marginalizados, este compromisso com a justiça e a paz – tudo isso fez do Papa Francisco um seguidor autêntico de Jesus Cristo, não apenas em palavras, mas em ações concretas que tocam a vida das pessoas e transformam a Igreja e o mundo.

Naturalmente, como qualquer ser humano, Francisco tinha suas limitações e imperfeições. Ele mesmo reconhecia ser um pecador necessitado da misericórdia de Deus, como evidenciado por seu lema episcopal e papal: *"Miserando atque eligendo"* (Olhou-o com misericórdia e o escolheu). Esta consciência da própria fragilidade o aproximou ainda mais de seus irmãos e irmãs na fé, que viam nele não um líder infalível ou perfeito, mas um companheiro de jornada que buscava sinceramente seguir os passos de Cristo.

Portanto, o maior legado do Papa Francisco talvez seja precisamente este: lembrar à Igreja e ao mundo que o cristianismo não é primariamente uma doutrina ou uma instituição, mas um encontro pessoal com Jesus Cristo, que transforma vidas e inspira um compromisso concreto com os valores do Evangelho. Como ele escreveu em *Evangelii Gaudium*: "Convido todo cristão, em qualquer lugar e situação que se encontre, a renovar hoje mesmo o seu encontro pessoal com Jesus Cristo ou, pelo menos, a tomar a decisão de se deixar encontrar por Ele, de O procurar dia a dia sem cessar".

> "Ninguém pode ser condenado para sempre, porque essa não é a lógica do Evangelho!"
>
> *Amoris Laetitia, n. 297.*

Capítulo 6

O Legado para a Humanidade

UMA CONSCIÊNCIA MORAL GLOBAL

O Papa Francisco, ao longo de seus doze anos de pontificado, estabeleceu-se como uma das vozes morais mais influentes do mundo contemporâneo. Seu legado transcende as fronteiras da Igreja Católica, alcançando pessoas de todas as religiões e mesmo aquelas sem filiação religiosa. Ele emergiu como uma "consciência moral mundial" em diversas questões cruciais para a humanidade, desde a crise ambiental até a desigualdade social e a cultura do descarte.

A autoridade moral do Papa Francisco não deriva apenas do cargo institucional, mas de sua autenticidade pessoal e da coerência entre suas palavras e ações. Sua simplicidade de vida, sua proximidade com os pobres e marginalizados, sua coragem em denunciar injustiças e sua capacidade de dialogar com pessoas de diferentes origens e convicções fizeram dele uma referência ética global em um mundo marcado por polarizações e relativismos.

Como observou o teólogo Leonardo Boff, Francisco representa "o papa da ruptura" – não com os ensinamentos fundamentais da fé, mas com um estilo de Igreja autocentrada e distante das realidades e sofrimentos do mundo. Esta ruptura abriu espaço para um novo tipo de liderança religiosa global, focada em construir pontes em vez de muros, mais preocupada com a misericórdia do que com o julgamento, mais comprometida com a justiça social e a ecologia integral do que com a preservação de privilégios institucionais.

REFORMA DA IGREJA: UMA IGREJA EM SAÍDA

Um dos aspectos mais significativos do legado do Papa Francisco é sua visão de uma "Igreja em saída", que não se contenta em esperar que as pessoas venham até ela, mas vai ao encontro delas em suas realidades concretas, especialmente nas "periferias existenciais" onde o sofrimento é mais agudo.

Em sua exortação apostólica *Evangelii Gaudium* (A Alegria do Evangelho), publicada em 2013 como uma espécie de programa para seu pontificado, Francisco escreveu: "Prefiro uma Igreja acidentada, ferida e enlameada por ter saído pelas estradas, a uma Igreja enferma pelo fechamento e pela comodidade de se agarrar às próprias seguranças".

Esta visão de Igreja tem implicações concretas para a reforma institucional. Francisco iniciou um processo de descentralização da Cúria Romana, buscando dar mais autonomia às conferências episcopais locais e promovendo uma maior colegialidade no governo da Igreja. Criou o Conselho de Cardeais (C9) para assessorá-lo na reforma da Cúria e na governança da Igreja universal, demonstrando seu compromisso com um estilo de liderança mais consultivo e menos monárquico.

Em 2022, promulgou a constituição apostólica *Praedicate Evangelium* (Anunciai o Evangelho), que reorganizou a Cúria Romana, colocando a evangelização como sua prioridade central e abrindo mais espaços de liderança para leigos e mulheres. Esta reforma estrutural reflete sua convicção de que a Igreja deve estar a serviço da missão evangelizadora, não o contrário.

Publicada em 2022, a constituição *Praedicate Evangelium* substituiu a antiga *Pastor Bonus* (1988), de São João Paulo II, e marcou um dos momentos mais importantes da reforma da Cúria Romana no pontificado do Papa Francisco.

As dez ideias centrais da Constituição Apostólica *Praedicate Evangelium* (*"Pregai o Evangelho" - Sobre a Cúria Romana e o serviço à Igreja no mundo*) são:

1. A evangelização é a prioridade da Igreja

A primeira função da Cúria Romana é servir à missão evangelizadora. Por isso, o novo Dicastério para a Evangelização ocupa o primeiro lugar na estrutura, acima até da Doutrina da Fé.

2. Conversão missionária da Igreja

Toda a reforma está orientada por uma visão de Igreja em saída – missionária, próxima do povo, aberta às periferias, como pede o Evangelho.

3. Serviço às Igrejas locais

A Cúria não está acima dos bispos nem das dioceses. Ela deve apoiar, escutar e caminhar junto com as Igrejas particulares, e não centralizar o poder.

4. Leigos (inclusive mulheres) podem dirigir dicastérios

Pela primeira vez, uma Constituição Apostólica afirma que leigos e leigas podem exercer cargos de governo na Cúria, inclusive como prefeitos de dicastérios, segundo sua competência e missão batismal.

5. Unificação e simplificação dos órgãos vaticanos

A reforma consolidou muitos dicastérios e conselhos anteriores em estruturas mais integradas e eficazes, para evitar duplicações, excessos burocráticos e promover melhor cooperação.

6. Sinodalidade como método de trabalho

A lógica de governo da Igreja deve seguir um estilo sinodal: escuta, diálogo, discernimento e corresponsabilidade.
A Cúria deve refletir esse espírito em sua organização e cultura.

7. Maior ênfase na caridade e na justiça social

O Dicastério para o Serviço da Caridade (anteriormente ligado à Esmolaria Apostólica) tem *status* de primeiro nível. A caridade é vista como forma concreta de evangelização.

8. Transparência e ética na gestão da Santa Sé

A constituição exige responsabilidade administrativa, prestação de contas, combate à corrupção e uso transparente dos recursos econômicos da Igreja.

9. Todos os batizados são missionários

Francisco reforça que todo cristão é discípulo missionário, e a Cúria deve ser expressão dessa Igreja onde todos colaboram com a missão, não apenas o clero.

10. A reforma é fruto de um processo sinodal e orante

A constituição é resultado de nove anos de escuta, diálogo e amadurecimento, iniciados logo após o início do pontificado de Francisco, em 2013. É um sinal de renovação e fidelidade ao espírito do Concílio Vaticano II.

Francisco também promoveu uma reforma do processo sinodal, transformando o Sínodo dos Bispos de um evento pontual em um processo contínuo que envolve consultas amplas a todo o povo de Deus. O Sínodo sobre a Sinodalidade (2021-2024), com seu lema "Por uma Igreja sinodal: comunhão, participação e missão", representa sua visão de uma Igreja que caminha junta, onde todos os batizados têm voz e responsabilidade.

Essas reformas institucionais, embora importantes, são apenas a expressão visível de uma reforma mais profunda que Francisco buscou promover: uma conversão pastoral e missionária de toda a Igreja. Como ele escreveu em *Evangelii Gaudium*: "Sonho com uma opção missionária capaz de transformar tudo, para que os costumes, os estilos, os horários, a linguagem e toda a estrutura eclesial se tornem um canal adequado para a evangelização do mundo atual, mais do que para a autopreservação".

IMPACTO NA DIPLOMACIA INTERNACIONAL

O Papa Francisco emergiu como um ator significativo na diplomacia internacional, utilizando sua autoridade moral para promover a paz, o diálogo e a cooperação em um mundo frequentemente dividido por conflitos e rivalidades.

Sua mediação foi crucial para a histórica reaproximação entre Cuba e os Estados Unidos em 2014-2015, após mais de cinco décadas de hostilidades. O Vaticano sediou negociações secretas entre representantes dos dois países, e tanto o presidente cubano Raúl Castro quanto o presidente americano Barack Obama reconheceram publicamente o papel fundamental do Papa neste processo.

Francisco também foi uma voz ativa pela paz em zonas de conflito como Síria, Sudão do Sul, República Centro-Africana e, mais recentemente, Ucrânia. Em 2019, organizou um retiro espiritual no Vaticano para os líderes do Sudão do Sul, onde, em um gesto extraordinário, ajoelhou-se e beijou os pés dos líderes rivais, implorando-lhes que mantivessem a paz.

Suas viagens apostólicas frequentemente incluíam dimensões diplomáticas significativas. Sua visita ao Iraque em 2021, a primeira de um papa ao país, incluiu um encontro histórico com o Grande Aiatolá Ali al-Sistani, uma das mais altas autoridades do Islã xiita, enviando uma poderosa mensagem de diálogo inter-religioso em um país marcado por conflitos sectários.

Em questões globais como as mudanças climáticas, a migração e a desigualdade econômica, Francisco usou sua influência para promover acordos internacionais e políticas mais justas e sustentáveis. Sua encíclica *Laudato Si'* teve um impacto significativo nas negociações que levaram ao Acordo de Paris sobre o clima em 2015, sendo citada por diversos líderes mundiais e negociadores.

O estilo diplomático de Francisco caracterizava-se por uma abordagem que combinava princípios claros com pragmatismo, firmeza com diálogo e crítica profética com respeito pela soberania das nações. Ele não hesitava em denunciar injustiças e violações de direitos humanos, mas sempre buscava manter canais de comunicação abertos, mesmo com regimes autoritários ou líderes controversos.

Esta diplomacia baseada em valores, que prioriza a paz, a justiça social e a dignidade humana sobre interesses geopolíticos ou econômicos, representa uma contribuição significativa para as relações internacionais contemporâneas e um legado duradouro de seu pontificado.

CONTRIBUIÇÕES PARA O DIÁLOGO ECUMÊNICO

O Papa Francisco deu contribuições significativas para o avanço do diálogo ecumênico, buscando aproximar a Igreja Católica de outras denominações cristãs e promover a unidade dos cristãos, seguindo a oração de Jesus "para que todos sejam um" (João 17,21).

Seu encontro histórico com o Patriarca Kirill de Moscou em Cuba, em 2016, foi o primeiro entre um papa e um patriarca de Moscou desde o Grande Cisma de 1054, que dividiu as Igrejas do Oriente e do Ocidente. Embora não tenha resolvido as diferenças teológicas e eclesiológicas entre as duas Igrejas, o encontro representou um passo significativo no diálogo católico-ortodoxo.

Francisco também fortaleceu os laços com outras Igrejas Ortodoxas, especialmente com o Patriarcado Ecumênico de Constantinopla. Sua amizade com o Patriarca Bartolomeu I, a quem se referia como "meu querido irmão", resultou em diversas iniciativas conjuntas, particularmente no campo da ecologia, onde ambos compartilhavam preocupações profundas.

Com as comunidades protestantes, Francisco promoveu gestos significativos de aproximação. Em 2016, viajou a Lund, na Suécia, para participar da comemoração conjunta católico-luterana dos 500 anos da Reforma Protestante. Na ocasião, assinou uma declaração conjunta com o presidente da Federação Luterana Mundial, enfatizando mais o que une do que o que separa as duas tradições.

O estilo ecumênico de Francisco caracterizava-se pelo que ele chamava de "ecumenismo do caminhar juntos", que não espera resolver todas as diferenças teológicas antes de colaborar em questões práticas e testemunhar juntos o Evangelho. Como ele afirmou: "A unidade se faz caminhando, para recordar que, quando caminhamos juntos, ou seja, quando nos encontramos como irmãos, rezamos juntos, colaboramos juntos no anúncio do Evangelho e no serviço aos últimos, já estamos unidos".

Esta abordagem pragmática e relacional do ecumenismo, que prioriza o testemunho comum e o serviço aos necessitados sobre debates doutrinários, tem aberto novos caminhos para a colaboração entre cristãos de diferentes denominações e representa um legado significativo para o futuro do movimento ecumênico.

INFLUÊNCIA NO SUL GLOBAL

Como primeiro papa do continente americano, primeiro do hemisfério sul e primeiro jesuíta a ocupar a Cátedra de Pedro, Francisco trouxe uma perspectiva única para o papado, mais sensível às realidades e desafios do Sul Global.

Esta sensibilidade se manifestava em sua atenção especial às questões que afetam diretamente os países em desenvolvimento: a dívida externa, a exploração predatória de recursos naturais, a migração forçada, os conflitos armados, a pobreza extrema e a exclusão social. Em seus discursos e documentos, Francisco frequentemente criticava o "imperialismo internacional do dinheiro" e as "novas formas de colonialismo" que perpetuam a dependência e a pobreza no Sul Global.

Durante seu pontificado, Francisco reformulou a geografia do conclave, o colegiado de cardeais que elege o papa. Em 2013, a maioria dos cardeais era europeia. Mas, durante seu período como papa, Francisco nomeou mais cardeais de outras partes do mundo, incluindo a América Latina, a África e a região da Ásia-Pacífico, buscando refletir melhor a distribuição global dos católicos.

Suas viagens apostólicas também demonstravam esta prioridade pelo Sul Global. Das mais de quarenta viagens internacionais que realizou, a maioria foi para países em desenvolvimento, incluindo nações quase nunca visitadas por seus predecessores, como a República Centro-Africana, Mianmar, Bangladesh e Timor-Leste.

O Sínodo para a Amazônia, realizado em 2019, foi outro exemplo de sua atenção às realidades do Sul Global. O evento colocou em destaque as questões socioambientais da região amazônica e o papel das comunidades indígenas como guardiãs da biodiversidade. Embora algumas propostas mais ousadas do Sínodo, como a ordenação de homens casados para atender a comunidades remotas, não tenham sido implementadas, o processo sinodal em si representou um reconhecimento sem precedentes da importância da região e de seus povos para a Igreja e o mundo.

A influência de Francisco no Sul Global vai além das estruturas eclesiásticas. Sua defesa dos migrantes e refugiados, sua crítica ao sistema econômico global que marginaliza os pobres e sua ênfase na ecologia integral continuam inspirando movimentos sociais e líderes políticos em países em desenvolvimento a buscar alternativas mais justas e sustentáveis para seus povos.

DENÚNCIA DE PERSEGUIÇÕES E DEFESA DA LIBERDADE RELIGIOSA

O Papa Francisco foi uma voz consistente em defesa da liberdade religiosa e na denúncia de perseguições religiosas em todo o mundo, independentemente de quais grupos religiosos sejam as vítimas.

Ele denunciou repetidamente a perseguição aos cristãos no Oriente Médio, particularmente durante o auge do Estado Islâmico (ISIS) no Iraque e na Síria. Sua visita histórica ao Iraque em 2021 incluiu uma parada na cidade de Qaraqosh, que havia sido ocupada pelo ISIS e de onde a maioria dos cristãos havia fugido. Ali, Francisco encorajou os cristãos que haviam retornado e destacou a importância de preservar a presença cristã na região onde o cristianismo nasceu.

No entanto, sua defesa da liberdade religiosa não se limitava aos cristãos. Francisco denunciou a perseguição aos rohingyas muçulmanos em Myanmar, aos uigures na China e a outras minorias religiosas em diversas partes do mundo. Durante sua visita a Bangladesh em 2017, encontrou-se com refugiados rohingyas e pediu perdão pela indiferença do mundo diante de seu sofrimento.

Em sua encíclica *Fratelli Tutti*, Francisco desenvolve uma visão de liberdade religiosa que vai além da mera tolerância, propondo um "caminho de paz entre as religiões" baseado no reconhecimento do outro como irmão. Ele escreveu: "Como crentes, pensamos que, sem uma abertura ao Pai de todos, não há razões sólidas e estáveis para o apelo à fraternidade. Estamos convencidos de que, 'só com esta consciência de filhos que não são órfãos, podemos viver em paz entre nós'".

Esta defesa da liberdade religiosa está intimamente ligada à sua promoção do diálogo inter-religioso como caminho para a paz e a fraternidade universal. Seu encontro com o Grande Imã de Al-Azhar, Ahmed el-Tayeb, que resultou na assinatura do Documento sobre a Fraternidade Humana em 2019, e sua amizade com o rabino Abraham Skorka, com quem publicou o livro "Sobre o Céu e a Terra" antes de se tornar papa, são exemplos concretos deste compromisso.

A defesa da liberdade religiosa por Francisco não é apenas uma questão de direitos humanos, mas também parte de sua visão mais ampla de uma sociedade onde a diversidade é respeitada e valorizada, e onde pessoas de diferentes tradições religiosas podem colaborar pelo bem comum.

O QUE PODEMOS APRENDER COM O EXEMPLO DO PAPA FRANCISCO

O legado do Papa Francisco oferece lições valiosas não apenas para católicos ou cristãos, mas também para todas as pessoas de boa vontade que buscam construir um mundo mais justo, fraterno e sustentável. Entre os principais ensinamentos que podemos extrair de seu exemplo, destacam-se:

A IMPORTÂNCIA DA AUTENTICIDADE

Francisco demonstra que a autenticidade – a coerência entre palavras e ações, entre crenças professadas e estilo de vida – é fundamental para uma liderança eficaz e inspiradora. Sua simplicidade de vida, sua disposição para reconhecer erros e pedir perdão, e sua proximidade com pessoas comuns refletem uma autenticidade que ressoa com pessoas dentro e fora da Igreja.

Em um mundo onde muitos líderes parecem mais preocupados com imagem e popularidade do que com integridade, o exemplo de Francisco nos lembra de que a verdadeira autoridade moral deriva não de títulos ou posições, mas da autenticidade pessoal e do serviço desinteressado.

O VALOR DA MISERICÓRDIA

O pontificado de Francisco foi marcado por uma ênfase constante na misericórdia como atributo central de Deus e como virtude essencial para relações humanas saudáveis. Seu lema episcopal e papal, *"Miserando atque eligendo*" (Olhou-o com misericórdia e o escolheu), reflete esta convicção profunda.

Em um mundo frequentemente marcado por julgamentos duros, polarizações e cancelamentos, o exemplo de Francisco nos convida a praticar a misericórdia – não como uma forma de condescendência ou relativismo moral, mas como um reconhecimento da dignidade inerente de cada pessoa e da possibilidade de transformação e crescimento.

A CENTRALIDADE DOS POBRES E MARGINALIZADOS

Francisco constantemente colocava os pobres e marginalizados no centro de suas preocupações e ações, seguindo o exemplo de Jesus, que veio "para evangelizar os pobres" (Lucas 4,18). Sua opção preferencial pelos excluídos não era apenas uma posição teológica ou política, mas também uma expressão concreta de sua fé cristã.

Em um mundo marcado por desigualdades crescentes, o exemplo de Francisco nos desafia a reconhecer a dignidade dos mais vulneráveis e a trabalhar por estruturas sociais, econômicas e políticas que sejam capazes de promover a inclusão e a justiça para todos.

A URGÊNCIA DO CUIDADO COM A CASA COMUM

Com sua encíclica *Laudato Si'* e numerosas iniciativas ecológicas, o Papa Francisco destacou a interconexão entre a crise ambiental e a crise social, propondo uma "ecologia integral" que reconheça que "tudo está interligado".

Em um momento de crise climática e degradação ambiental acelerada, o exemplo de Francisco nos convida a uma conversão ecológica que implica mudanças em nossos estilos de vida, padrões de consumo e relação com a natureza. Ele nos lembra de que o cuidado com a casa comum é uma responsabilidade ética e espiritual, e não apenas uma questão técnica ou política.

O PODER DO DIÁLOGO E DA FRATERNIDADE

Em um mundo frequentemente dividido por polarizações ideológicas, conflitos religiosos e nacionalismos excludentes, Francisco foi um construtor incansável de pontes e um defensor da fraternidade universal. Sua encíclica *Fratelli Tutti* propõe uma visão de sociedade baseada no reconhecimento de que somos todos irmãos e irmãs, membros da mesma família humana.

O exemplo de Francisco nos encoraja a superar preconceitos e medos para entrar em diálogo autêntico com aqueles que são diferentes de nós, buscando pontos de convergência e colaboração pelo bem comum, sem renunciar às nossas próprias convicções ou identidades.

A NECESSIDADE DE REFORMA E RENOVAÇÃO CONSTANTES

Francisco promoveu reformas significativas na Igreja Católica, não por amor à mudança em si, mas para torná-la mais fiel à sua missão evangélica e mais capaz de responder aos desafios do mundo contemporâneo. Sua visão de uma "Igreja em saída" desafia estruturas e mentalidades que se tornaram autorreferenciais ou desconectadas das realidades concretas das pessoas.

Este exemplo nos lembra de que todas as instituições – religiosas, políticas, econômicas, educacionais – precisam de reforma e renovação constantes para permanecerem fiéis aos propósitos fundamentais e relevantes para as necessidades das pessoas que servem.

A FORÇA DA ESPERANÇA

Apesar de sua análise frequentemente crítica dos problemas do mundo contemporâneo, Francisco foi fundamentalmente um homem de esperança. Ele acreditava na possibilidade de mudança e transformação, tanto pessoal quanto socialmente, e convidava constantemente as pessoas a serem agentes ativos dessa mudança.

Em tempos de cinismo generalizado e desesperança diante de crises aparentemente insolúveis, o exemplo de Francisco nos lembra de que a esperança não é otimismo ingênuo, mas uma virtude ativa que nos impulsiona a trabalhar pelo bem, mesmo quando os resultados não são imediatamente visíveis.

CONCLUSÃO: UM LEGADO DE TRANSFORMAÇÃO E ESPERANÇA

O legado do Papa Francisco é multifacetado e profundo. Ele transformou a Igreja Católica em muitos aspectos, tornando-a mais próxima dos pobres e marginalizados, mais consciente de sua responsabilidade ambiental, mais aberta ao diálogo com outras religiões e culturas, e mais vocal em questões de justiça social e direitos humanos.

Ao mesmo tempo, seu impacto se estendeu muito além das fronteiras da Igreja, influenciando líderes políticos, ativistas sociais, ambientalistas e pessoas comuns em todo o mundo. Sua voz moral clara e consistente em questões como mudanças climáticas, migração, pobreza e paz fez dele uma figura respeitada e ouvida em fóruns globais.

O Papa Francisco deixa um legado de esperança e transformação, mostrando que é possível combinar fidelidade à tradição com abertura às necessidades e aos desafios do mundo contemporâneo. Sua visão de uma "Igreja em saída", que vai às periferias geográficas e existenciais para servir e acompanhar os mais necessitados, continuará a inspirar cristãos e pessoas de boa vontade por muitas gerações.

Como ele mesmo escreveu em *Evangelii Gaudium:* "O tempo é superior ao espaço. Este princípio permite trabalhar a longo prazo, sem a obsessão pelos resultados imediatos. Ajuda a suportar com paciência situações difíceis e adversas, ou as mudanças de planos que o dinamismo da realidade impõe".

Esta perspectiva de longo prazo nos lembra de que o verdadeiro legado de Francisco não pode ser medido apenas por mudanças institucionais ou conquistas políticas imediatas, mas pelo impacto duradouro de seus ensinamentos e exemplo na consciência moral da humanidade e na direção futura da Igreja e da sociedade global.

Em última análise, o legado mais profundo do Papa Francisco talvez seja seu testemunho vivo de que outro mundo é possível – um mundo mais justo, fraterno, misericordioso e sustentável – e que cada um de nós é chamado a contribuir para sua construção por meio de nossas escolhas diárias e de nosso compromisso com o bem comum.

Conclusão

Ao chegarmos ao final desta jornada sobre a vida e o legado do Papa Francisco, é momento de refletir sobre o impacto profundo que este homem extraordinário teve na Igreja Católica e no mundo. Jorge Mario Bergoglio, o menino nascido em uma família de imigrantes italianos em Buenos Aires, que trabalhou como técnico químico antes de atender ao chamado de Deus, transformou-se no líder espiritual que redefiniu o papado para o século XXI.

Ao longo destas páginas, exploramos os múltiplos aspectos deste pontificado transformador. Conhecemos a jornada pessoal de Jorge Mario Bergoglio, desde sua infância na Argentina até sua eleição como o primeiro papa latino-americano, o primeiro jesuíta e o primeiro a escolher o nome Francisco. Vimos como sua formação jesuíta, sua experiência pastoral nas periferias de Buenos Aires e sua visão de uma "Igreja em saída" moldaram seu estilo de liderança e suas prioridades.

Examinamos sua relação com São Francisco de Assis e como o exemplo do santo de Assis inspirou seu compromisso com a simplicidade, a pobreza, a paz e o cuidado com a criação. Vimos como o Papa Francisco buscou seguir o modelo de Jesus Cristo em sua humildade, serviço aos outros, compaixão pelos marginalizados, vida de oração, simplicidade de vida, anúncio do Reino de Deus e prática da misericórdia.

Exploramos seu trabalho com os moradores de rua e excluídos, desde a instalação de chuveiros e barbearias no Vaticano até a transformação de um palácio em abrigo para pessoas sem-teto. Vimos como sua defesa dos migrantes e refugiados, seus encontros com movimentos populares e suas críticas ao sistema econômico global refletem uma visão de Igreja e sociedade fundamentada no Evangelho e na tradição social católica.

Analisamos casos pitorescos e exemplos marcantes que ilustram seu estilo único de liderança: o lava-pés de presidiários, sua primeira viagem a Lampedusa, seu discurso sobre as "15 doenças da Cúria", seu encontro histórico com o Patriarca Kirill, seu momento solitário durante a pandemia, seu encontro com o líder xiita no Iraque, seu pedido de desculpas no Canadá e suas lágrimas pela Ucrânia.

Por fim, refletimos sobre seu legado para a Igreja e a humanidade: sua visão de uma "Igreja em saída", seu impacto na diplomacia internacional, suas contribuições para o diálogo ecumênico, sua influência no Sul Global, sua denúncia de perseguições e defesa da liberdade religiosa, e os ensinamentos que podemos extrair de seu exemplo.

O que emerge deste estudo é o retrato de um líder autêntico e corajoso, que não teve medo de desafiar o *status quo* e promover mudanças necessárias, mesmo enfrentando resistências e críticas. Um homem que, com suas virtudes e limitações humanas, buscou seguir o exemplo de Jesus Cristo como "servo dos servos de Deus". Um pastor que preferiu o "cheiro das ovelhas" ao conforto dos palácios, que escolheu a misericórdia sobre o julgamento e que constantemente nos lembrou de que "Deus nunca se cansa de perdoar; somos nós que nos cansamos de pedir perdão".

O legado de Francisco não está apenas no que ele fez ou disse, mas também no exemplo que deixou para todos nós. Um exemplo de humildade, serviço, compaixão e coragem para defender os mais vulneráveis. Um exemplo que nos convida a refletir sobre nossa própria jornada e sobre como podemos contribuir para construir um mundo mais justo, fraterno e sustentável.

Em um mundo marcado por polarizações, conflitos e crises aparentemente insolúveis, Francisco nos ofereceu uma visão alternativa baseada na fraternidade universal, no cuidado com a casa comum e na misericórdia como força transformadora. Ele nos mostrou que é possível ser fiel à tradição enquanto se responde criativamente aos desafios do presente, que é possível manter convicções firmes enquanto se dialoga respeitosamente com quem pensa diferente, que é possível sonhar com um mundo melhor enquanto se trabalha concretamente para construí-lo no aqui e agora.

Como ele mesmo escreveu na *Evangelii Gaudium*: "O tempo é superior ao espaço". Esta perspectiva de longo prazo nos lembra de que o verdadeiro legado de Francisco não pode ser medido apenas por mudanças institucionais ou conquistas políticas imediatas, mas também pelo impacto duradouro de seus ensinamentos e exemplo na consciência moral da humanidade e na direção futura da Igreja e da sociedade global.

Ao concluir este livro, convidamos você, leitor, a deixar-se inspirar pelo exemplo do Papa Francisco. Independentemente de sua fé ou convicções pessoais, há lições valiosas a serem aprendidas com este homem extraordinário que dedicou sua vida a servir aos outros e a construir pontes onde outros erguiam muros.

Que a história de Jorge Mario Bergoglio, o Papa Francisco, possa iluminar nosso caminho e nos encorajar a sermos, cada um à sua maneira, instrumentos de paz, justiça e amor em nosso mundo tão necessitado desses valores. Que seu legado continue a inspirar gerações futuras a trabalhar por uma humanidade mais fraterna, onde todos reconheçam no outro um irmão ou irmã e onde o cuidado com os mais vulneráveis e com a casa comum seja uma prioridade compartilhada.

Como o próprio Francisco frequentemente pedia: "Rezem por mim". Agora, podemos honrar sua memória não apenas com orações, mas também com ações concretas que reflitam os valores que ele defendeu tão apaixonadamente. Este seria, sem dúvida, o tributo mais significativo que poderíamos oferecer a este servo humilde que, seguindo os passos de Jesus Cristo e São Francisco de Assis, nos mostrou um caminho de autenticidade, misericórdia e esperança.